Zu diesem Buch

Zum erstenmal erscheint eine umfassende Ausgabe von Heinar Kipphardts Gedichten, darunter viele bisher unveröffentlichte Texte aus dem Nachlaß des Schriftstellers. «Die Gedichte beschreiben die Zeit, in der ich lebe. Ich hoffe, sie ist kenntlich und ich in ihr», notierte Kipphardt selbst über seine Lyrik. Er hat an den Katastrophen und Widersprüchen unserer Zeit gelitten, war stets ein politisch engagierter Autor. Seine Gedichte aus vier Jahrzehnten lesen sich «wie mit vor Schreck vergrößerten Pupillen geschriebene Wahrnehmungen. Es sind Versuche, sich mit dem Selbstverständlichen, dem ‹Normalen› um uns her zurechtzufinden, auf hochempfindliche, jedenfalls äußerst irritierte und irritable Art und Weise» (Karl Krolow).

Heinar Kipphardt, geboren am 8. März 1922 in Heidersdorf (Schlesien), gestorben am 18. November 1982 in München, Dr. med. mit der Fachrichtung Psychiatrie, übersiedelte 1949 von Krefeld nach Ost-Berlin, wurde Arzt an der Charité und später Chefdramaturg am Deutschen Theater. Seit 1961 lebte er in der Nähe von München. 1970/71 war er Chefdramaturg der Münchner Kammerspiele. Sein Stück «In der Sache J. Robert Oppenheimer» (rororo Nr. 12111) gehört zu den Klassikern des modernen Theaters. Auch sein letztes Stück «Bruder Eichmann» (rororo Nr. 5716) erregte Aufsehen. Weitere Stücke sind in den Bänden «Shakespeare dringend gesucht» (rororo Nr. 12193) und «Joel Brand» (rororo Nr. 12194) zusammengefaßt. Überdies verfaßte er Erzählungen (ein Sammelband unter dem Titel «Die Tugend der Kannibalen» erschien als rororo Nr. 12702), «Traumprotokolle» (rororo Nr. 5818), zahlreiche Fernsehspiele und den Roman «März» (rororo Nr. 5877). Seine Briefe, Essays, Arbeitsnotate und Entwürfe wurden in den Bänden «Schreibt die Wahrheit» und «Ruckediguh – Blut ist im Schuh» (rororo Nr. 12571 und 12572) veröffentlicht.

Kipphardts gesammelte literarische Arbeiten erscheinen in einer Werkausgabe im Rowohlt Taschenbuch Verlag. Die Edition wird mit dem vorliegenden Band abgeschlossen.

Heinar Kipphardt

Umgang mit Paradiesen

Gesammelte Gedichte

rororo

Rowohlt

Gesammelte Werke in Einzelausgaben
Herausgegeben von Uwe Naumann
Unter Mitarbeit von Pia Kipphardt

Originalausgabe
Veröffentlicht im Rowohlt Taschenbuch Verlag GmbH,
Reinbek bei Hamburg, Oktober 1990

Umschlaggestaltung Klaus Detjen
(Foto des Autors: STERN)
Gesetzt aus der Garamond (Linotronic 500)
Gesamtherstellung Clausen & Bosse, Leck
Printed in Germany
1680-ISBN 3 499 12805 5

Umgang mit Paradiesen

Inhalt

Wie machen Sie Gedichte? 9

Angelsbrucker Notizen 11

Fragen im Mai. Gedichte 1960–77 33

Erinnerung an Warschau und andere frühe Gedichte 65

März-Gedichte I 119

März-Gedichte II 185

Umgang mit Paradiesen. Späte Gedichte 227

Editorische Bemerkungen 289

Erläuterungen zu einzelnen Gedichten 292

Nachwort des Herausgebers 296

Alphabetisches Verzeichnis der Gedichte 307

Wie machen Sie Gedichte?

«Wie machen Sie Gedichte?» werde ich von Karl Pawek gefragt. Ziemlich schnell und auch mit einer für mich ungewöhnlichen Schreiblust, antworte ich unvorsichtig. «Die voraussehbare Kürze, die Überschaubarkeit des mutmaßlichen Arbeitsvorgangs ermutigt mich, die schnelle Aussicht auf ein Produkt, das viel mit mir zu tun hat, unangestrengt, behaltbar sein soll, auch überraschend natürlich, sinnlich, beziehungsreich und wegen der wenigen Wörter und Zeilen nicht ohne Kostbarkeit.»

Wie mache ich das tatsächlich? Es fällt mir schwer, den mir erst einfach scheinenden Arbeitsvorgang zu beschreiben, ich habe nie darüber nachgedacht, und es wird schwieriger, wenn man das tut. Ich notiere Einfälle in ein Notizbuch, das ich mit mir herumtrage, Beobachtungen, Gedanken, Leute, auch Träume, auch Ängste etc. ... Möglichst genau, möglichst anschaulich, möglichst kurz.

Ich weiß sofort, wenn es sich um einen Einfall zu einem Gedicht handelt, denn er äußert sich in einer bestimmten Sprachbewegung, der dem Inhalt angemessen scheint, und er bewegt mich. Der Einfall ist überschaubar und provoziert andere Einfälle, eine Ahnung des ganzen Produkts in Verbindung mit mir entsteht. Ich notiere die Zeile, bald einige Zeilen dazu, die nicht aufeinander folgen müssen und oft auch nicht der Anfang des späteren Gedichts sind. Damit beginnt im günstigen Fall eine Art automatischer Beschäftigung mit der Sache, das heißt, die Sache hat sich in einem niedergelassen, und man produziert Teile, auch wenn man nicht daran denkt, bei anderer Arbeit, beim Lesen, beim

Fischen, beim Faulenzen und im Traum natürlich, wo jedermann dichtet, die Wünsche einübt, die Höllen, den Wahnsinn, das Anderssein.
Ich spreche von nichts Großartigem, nur von Produktivität, die mit einem selber zu tun hat. Wenn sie zustande kommt, werden ihre Ergebnisse dazu notiert, eine längere Liste. Meist bald, manchmal aber auch erst nach längerer Zeit werden die Materialien sortiert, das Brauchbare in einen Zusammenhang gebracht, der vorgeschwebt haben mag. Jetzt ist das Gedicht viel zu lang, enthält zuviel Varianten, es fehlt ihm an Bildschärfe, das Lebendige, das Lesbare, das Gelassene, das Unerwartete, das Spannungsvolle und was immer. In dieser Phase kritischer Distanz zu dem Material hilft es mir, rigoros auf die guten Stellen hin zu streichen, Spannungen durch Verkürzungen herzustellen und Unregelmäßigkeiten nicht zu scheuen. Jetzt wird ein Blatt in die Maschine gespannt, ein Blatt so weiß wie der Himmel, und es bedeckt sich mit Krähenfüßen, ein Gedicht oder etwas Gedichtähnliches.
Jetzt haben Sie, Herr Pawek, was Schönes angerichtet. Das hätte Ihnen kein professioneller Lyriker gemacht. Wie sollen so kleine Gebilde so lange Erklärungen aushalten und so allgemeine? Ich würde keine Gedichte mehr machen, wenn ich ihre Herstellung oder Bedeutung fernerhin erklären müßte.

Heinar Kipphardt

Angelsbrucker Notizen

Angelsbrucker Notizen 1

Wie ich hierher gekommen bin, weiß ich nicht.
Aber ich bin geblieben,
halte den Föhn aus und
halte mich
immer noch.
Hinter dem Türladen über dem Fluß
nisten die Bachstelzen in diesem Jahr
zum zweiten Mal
und beäugen mich.

Angelsbrucker Notizen 2

Das Haus besteht aus vorwiegend zwei Häusern
Es ist still am Wasser gelegen (Strogen)
und diente in früherer Zeit
Mühlenzwecken
zum Beispiel der Erzeugung des elektrischen Stroms
für das Gebiet Unterstrogen-Fraunberg
mittels Turbine
Im Mühlengebäude befindet sich heute
eine Verwandlungsmaschine (Dichter)
die ab und an für mehrere Stunden angeworfen wird
Im Bauernhaus leben die emsigen Wunschmaschinen
unter der Obhut der Mutterwunschmaschine
Bellt, wenn der Schnee fällt, ein Hund
schaun sie zum Fenster hinaus.

Angelsbrucker Notizen 3

Der Fluß im Frühjahr

Wenn sich die Wiesen begrünen
und die viel vorsichtigeren Bäume
steigt aus der Tiefe des Flusses
der Schlamm
die Nachricht vom Wachstum am Grunde
(folgt das Dementi im Herbst)

Angelsbrucker Notizen 4

Den Fluß entlang die Kirschbäume
sind heute morgen erblüht.
Am Abend fiel Schnee und es fror.
Über die eisgrüne Wiese
hüpfen die pfundschweren Amseln
und flöten verstimmt.

Angelsbrucker Notizen 5

Der Kopf an der Wand

Mir gegenüber doch schräg
der rosig beteinte Kopf aus Polyester
mit den Metallprothesen
das eingesunkene Auge verdeckend
das herabsinkende Kinn bei der Stange haltend
ablenkend von dem verkümmerten Ohr
ein Ziel in der Ferne
erzählt mir
wie deformierend es ist
ein Chef zu sein.
Dieser Triumph des Willens
kann keine Semmel mehr essen.
Fast Auge in Auge mit mir
sieht er mich nicht
und nicht den Lindenbaum
über der Wiese den Weg rauf.

Angelsbrucker Notizen 6

Hell
treibt da ein Baumstamm geschält
im schwarzen, im starrenden Wasser
und ich
das Gesicht nach unten.

Nebel zerweicht mein Gesicht
Gras schießt aus meinem Schädel
Ein weißer Schornstein wirft Gips
über die Wiesen und mich.

Das Abbild der Rose

Der Kälte des Todes ausgesetzt
und der Bewegungslosigkeit
erstarrte das Abbild der Rose
im Wasser
und sank mit verdrehter Zunge
von Schlaganfällen.

(Februar 1977)

Angelsbrucker Notizen 8

An diesem Sonntag im März
sehe ich den Fluß hinunter
Särge treiben
schwarz und mit Lilien bekränzt.
Ach, denke ich, jetzt fängt es auch hier
schon an mit dieser Ausflügler-Flößerei
wie auf der Isar.
Auf einem, dem letzten, sitzen
erstaunlich leger
drei Regierungsmitglieder beim Karten.
(Kanzler, Justiz- und Innenminister)
Mützen und Jacken abgelegt
lugen aus ihren Westentaschen
die kleinen Grundgesetzbüchlein.

(März 1977)

Die Krähen im Winter (Emigranten)

Die Krähen, das schwarze Geschwärl,
über dem buckligen Kahlfeld
sind extra aus Rußland gekommen,
um hier den Winter zu verbringen.
Zwischen gebreitetem Mist und Schneewehn
sind sie gesellig versammelt.
In ernsten Haltungen
gehen sie hin und her.
Ihr unerbittliches Krächzen
scheint sich um Rußland zu drehn.

Angelsbrucker Notizen 10

Anscheinend gibt es in jedem Garten
rote Schaukelgeräte
der Kindererinnerung.
Erinnere mich aber nicht
jemals gesehen zu haben,
daß jemand auf ihnen geschaukelt hätte.
Vielleicht sehr heimlich des nachts?

Angelsbrucker Notizen 11

Mein Vater, aus Buchenwald zurück
recherchierte vor Ort
wie er A. H. in München
beim Besuch seiner alten Freundin H.
ich glaube in der Amalienstraße rückwärts
erschießen könne
aus einem Maleratelier
mit einem Zielfernrohr und Fluchtweg
über die Dächer.
So liegt mir der Terrorismus im Blut.

Angelsbrucker Notizen 11a

Mein Vater, aus Buchenwald zurück
recherchierte vor Ort
wie er A. H. aus Bayreuth
anläßlich von Sigfrieds Tod
und von der Beleuchterbrücke
mittels Zielfernrohr
erschießen könne
Fluchtweg nach Kurzschluß
durch einen geplatzten Scheinwerfer.
So liegt mir der Terrorismus im Blut.

Angelsbrucker Notizen 12

Ein Blitz nachts über dem Fluß
ein wackliges Wetterleuchten
wird merkwürdigerweise von mir
als eine Blitzlichtaufnahme genommen
am Schreibtisch für Bild oder
fürs Fahndungsbuch.
Es war aber auch kein Wetterleuchten
es sind die Nachtschmetterlinge
die sich im schwarzen Spiegel der Glastür
weiß und sehr schnell bewegen.
Im Licht der Schreibtischlampe mich vorbeugend
bin ich mir noch immer der liebste.

Das Haus des Nachbarn Albert Maier

Das gleichschenkelige Dreieck des Giebels
ist in mein Stirnhirn geritzt
rechts unten mit den geöffneten Fenstern
da kommen Zungen heraus
rostbraune fleckige Läufer
die züngeln im Wind
nach mir.

Angelsbrucker Notizen 14

Meine Nachbarn, die Bauern irritiert stark
mein intimes Verhältnis zu dem Privatgelehrten
Karl Heinrich Marx.
Dessen Geheimlehre kennenzulernen
offerieren sie
sommertags auf den Mühlwiesen
ein Schwein zu braten
damit ich ihnen bei genügend Bier
den Marx erkläre in einem Zuge und
hinsichtlich der Erwartungen für die Landwirtschaft.
Verschiebe das aber lieber
aufs nächste, aufs kommende Jahr.

Angelsbrucker Notizen 14a

Meine Nachbarn, die Bauern irritiert stark
mein intimes Verhältnis zu dem Privatgelehrten
Karl Heinrich Marx.
Dessen Geheimlehre kennenzulernen
offerieren sie
sommertags auf den Mühlwiesen
ein Schwein zu braten
damit ich ihnen bei genügend Bier
den Marx erkläre in einem Zuge und
hinsichtlich der Erwartungen für die Landwirtschaft.
Als alle essen und trinken
erkläre ich dreist
dies (mal gedacht als alltäglich)
sei die Erfüllung der Lehre.
Zur Vorsicht hatte ich auch
eine Blaskapelle bestellt.

Angelsbrucker Notizen 15

Wie ich nachts das Licht lösche,
ausschalte die elektrischen Geräte,
höre ich in meinem Ohr einen sehr hellen
rosig klingenden Ton,
der allen Abschaltungen widersteht.
Ohne Erklärung gehe ich zu Bett.
Als ich um fünf Uhr erwache,
versuche ich mich seiner zu erinnern.
Am Morgen erfahre ich,
es ist ein Aggregat der Eisbox ausgewechselt worden,
die, auf Betonboden stehend,
diese Schwingungen macht.
Ich lege die Hand auf sie.

(März 1977)

Angelsbrucker Notizen 16

Für Ernst Bloch

Im sommerlichen Fluß suche ich unter den Steinen
den unscheinbarsten.
Der runde verwechselbare Kiesel
(nicht ganz rund und nicht zu klein)
der glanzlose graue
wenn ihn die Sonne getrocknet hat
ist der das nicht Nennenswerte
die kleine Größe
in der es sich leben läßt
im Gleichsein
im Fluß?

(August 1977)

Angelsbrucker Notizen 17

Wenn ich einen Fisch esse
Karpfen besonders
denke ich meist bewundernd
dieser sprach nie
dieser genüßliche Mund
suchte den Schlamm ab und schwieg

Angelsbrucker Notizen 18

Beim Tode der Mutter
Auf der Matratze der zärtliche Eindruck ihres Körpers
Man denkt jetzt lange an sie
dann kürzer
dann nicht mehr

(März 1975)

Fragen im Mai
Gedichte 1960–77

Zwei Lieder des Obergefreiten Czymek aus dem Stück DER HUND DES GENERALS

1

Die sich den Hintern nicht selber wischen können,
entwerfen Weltordnungen wie nichts.
Die, die auf drei nicht zählen können,
denken in Äonen.
Die eine Frau nicht beschlafen können,
wecken die Toten auf.
Wir, die wir dabei nicht mitkommen,
müssen uns aus ihren Äonen heraushalten,
müssen die Langsamsten sein.
Wenn der Fluß nicht anders durchschritten werden kann
als über Leichen,
mußt du der Letzte sein.

2

Achte beim Netz auf die Lücke,
auch wenn du ein kleiner Fisch bist.
Geh selbst zum Abort mit 'ner Krücke,
auch wenn du gesundbeinig bist.
Denk' an die kleine Sardell',
zu klein nicht, gefangen zu werden.
Wie klein muß eins sein und wie schnell,
im Krieg nicht gefressen zu werden?

(1960/61)

Die Trauer der Poeten nach einem verlorenen Krieg

Der Krieg war zu Ende
der Hunger war nicht zu Ende
die Häuser waren unbewohnbar
da gab es Stimmungen:
Alle Tore sind schwarz
alle Tore sind zu
Gestern und Grab
gelehnt an den Schatten des Zwielichts
Ja was ist daran gelehnt?
Das Bett des Posamentierers
den sie in Buchenwald henkten
wird nicht leer bleiben.
Die Heizer der Öfen von Auschwitz
werden die Öfen der Brotfabriken beheizen.

Ich lese in den Zeitungen
daß das Volk schuldig sei
samt und sonders
es habe dazu geschwiegen.
Aber ja.
Für wen arbeiteten die Häftlinge?
Wer lieferte die Chemikalien für die
Vergasungsindustrie?
Alle Tore sind schwarz
alle Tore sind zu
Gestern und Grab
gelehnt an den Schatten des Zwielichts
lösen die Zeiten sich auf

Die Karten werden gemischt.
Die Spieler zwinkern sich zu.
Erinnern Geranien an Blut?
Der Skeptizismus wird zur Pose
die das Verbrechen verbirgt.
Aus den gefalteten Stirnen
wachsen kristallene Tränen.
Die Bilder maskieren sich,
die Bücher vermeiden den Blick.
Hinunter die Statuten läuft
die Laufmasche eines Gedichts,
den Handelsbericht kommentierend
mit Reimen
auf gestern und Grab.

(1962, nach einem
dunklen Gedicht des Jahres 1949)

Weißes Knie, Holunder,
Zungenschlüpfiger Fisch,
Unter Monden liegend,
Rosen über sich.

(1962)

Zeitungsnotizen 1

In Durham, England, lese ich,
sei die Kathedrale unbenutzbar, zeitweilig,
und bedürfe der Weihe,
weil sich auf ihrem Hochaltar
ein 52jähriger Arbeitsloser die Kehle durchschnitten
mit einem Rasiermesser.
Wie er das Werkzeug ansetzte,
oberhalb des Kehlkopfs, fachmännisch,
soll er gerufen haben:
«Ich sterbe, also bin ich!»
Der Küster, einziger Augenzeuge,
in der cartesianischen Philosophie aber unbewandert,
betont das Theatralische des Vorgangs.

(1964)

Zeitungsnotizen 2

Wenn Generale sterben
im sprichwörtlich hohen Alter,
hinterlassen sie gerne auch Ewiges.
So gab der General McArthur
sterbend ein Interview,
daß er den Lauf der Geschichte stark geändert hätte,
wenn man ihn 30 bis 50 Atombomben
auf China hätte schmeißen lassen
im Jahr des Koreakrieges
und einen radioaktiven Kobaltgürtel hätte legen lassen
von der Japanischen See
zum Gelben Meer.
Zu seinem Kollegen Eisenhower,
Präsidentschaftskandidat damals,
will er gesagt haben:
«Sie haben die größte Gelegenheit von Gott
seit der Geburt von Jesus Christus.
Wenn Sie das durchführen,
werden Sie in die Geschichte als ein Messias eingehen.»
Unglücklicherweise habe ihn Eisenhower nicht unterstützt,
weil er, McArthur, einige Zeit zuvor,
dessen Präsidentschaftskandidatur nicht unterstützt habe.
So sei sein dynamischer Plan,
den kalten Krieg zu beenden,
und definitiv,
gescheitert.

(1964)

Zeitungsnotizen 3
Als Gast bei der Bundeswehr

Mein Kollege Günter Grass
der hat in einem Starfighter gesessen
im Cockpit, auf dem Boden
von Associated Press fotografiert.
«Die Antworten der Piloten
waren farbig und widerspruchsvoll.»
Das hat ihn sehr beruhigt
und mich
und die Bildzeitung.
Mein Kollege Günter Grass
der hat die 4. Luftwaffendivision inspiziert,
der Realist,
wie Helmut Schmidt
und Heinrich Lübke
und unser Kai-Uwe von Hassel.
Das hat ihm viel Mut gemacht
und mir
und unserem neuen Nationalgefühl.
Da wird an seiner Tür nicht mehr gezündelt werden.

(1966)

Wunder

Seht, sagen sie, ihr habt zu essen
und Fleisch, dreimal die Woche,
von dem ihr das Fett abschneidet,
ein Wunder.
Denn es hat zu essen in dieser Welt
statistisch
von dreien nur einer,
und der ißt kein Fleisch.
Und ihr habt uns den Krieg verloren.
Betet,
und haltet Maß in euren Ausschweifungen.

Seht, sagen sie, ihr sitzt in Wohnungen,
in die es nicht hineinregnet
und, wenn es Winter wird,
stellt ihr die Ölöfen an.
Ihr badet zweimal die Woche
in eigenen Wannen, wohlig,
und zweimal die Woche beschlaft ihr
die schönen, die rundlichen Frauen,
die dreimal Fleisch gegessen haben.
Das hat, statistisch gesehen, in dieser Welt
nicht der zwanzigste.
Und ihr habt den Krieg verloren.
Ein Wunder.

Bequem in die Sessel gelehnt,
genießt ihr ein Fußballspiel,

oder den Besuch einer Königin,
oder das Wort zum Sonntag.
Und trinkt, statistisch berechnet,
zehn Flaschen Schnaps im Jahr
mit euren schöneren Frauen,
und die gesünderen Kinder
trinken am Morgen Kaba.
Während im fernen Vietnam andere
für euch andere Häuser zerschmeißen,
unfreie,
fahrt ihr ins schönere Grüne
im eigenen Volkswagen.

(1965)

Soldatenlied

Nach einem anonymen chinesischen Gedicht aus der Han-Zeit, 25–220 unserer Zeitrechnung

Wir kämpften nördlich der Schneewüsten,
Wir fielen südlich der Sümpfe,
Bekotet im Suhl, grablos,
Den Krähen zum Fraße.

Fragt die Krähen:
«Die den Schneewüsten entkommen sind
Und den Elefantenschlachten, wie
Entkommen sie euch, den Krähen?»

Fragt den Kaiser:
«Warum marschieren sie bis an das Ende der Welt?
Um zu verenden in einer Abortgrube?
Gab es nicht nähere Abortgruben, Kaiser?»

(1965)

Wenn in vergangenen Zeiten
vom Weltgeist die Rede war,
dessen erhabenes Walten und
unerforschliches,
da war die Rede vom Weltmarkt,
erhaben und unerforschlich
wie die bisherigen Götter
der Prähistorie.
Leichtfüßig macht sie
der Mangel.
Also entwickelten sich die Künste
der Organisation des Mangels,
allen voran die Kriegskunst.

(1966)

In den Rosen hängend, die Meisen
fressen die Läuse.
Das zu studieren empfehle ich
den Revolutionären.

(1966)

Ich vergesse die Gesichter der Leute
und ihre Namen.
Was ich von ihnen behalte
sind ihre Untaten
und meine.
Wenn ich die Zeitungen lese
suche ich meinen Namen
ehrgeizzerfressen und leer.

(1967)

Schnee
zerfahrene Spuren
am Rand des Kanals gelbes Gras
gewaltige Büschel
vermodert
Grau gähnt der Morgen mich an

(1968)

Momentaufnahme von K. in kritischer Lage 1

Der da am Morgen aufwacht
Sonne auf dem Balkon
und aufzustehn sich weigert
erkennt sich nicht mehr im Spiegel.
Höchstens der äußere Umriß
diese fatale Ähnlichkeit
dieses ganz anderen
Fettwanstes der sich mit ihm rasiert
mißmutig verlogen und dumm.

Wie der die Zeitungen durchstiert
auf Neuigkeiten nicht aus
verdrossen im Maul sie wälzt
erkennt er sich nicht.

Von Melancholie überschattet
von Mitleid mit sich erschöpft
zieht er sich kritisch zurück
sieht dieses andere Faultier
in schwarze Verzweiflung sich fläzen
wie Barche in ihre Gulle.

Momentaufnahme von K. in kritischer Lage 2

Er öffnet die Briefe nicht mehr.
Er stellt sich tot, wenn wer das Zimmer betritt.
Ob schon Gestank von ihm ausgeht?
Er atmet vorsichtig aus.

Jetzt stören ihn auch schon die Tauben,
er stellt die Geräusche ab,
betrachtet stillen Gesichts das läutende Telefon.

Die Zeitungen verstopfen den Hauseingang.
Auf Mülltonnen spielen Skat die Gerichtsvollzieher.
Er überlegt, ob er sich waschen soll.

Er spannt ein Blatt in die Schreibmaschine.
Ich möchte nicht ich sein, schreibt er.
Dann streicht er den Satz wieder aus.

Er hat das Rauchen eingestellt.
Jetzt, fürchtet er, wird er sterben.
Er hat bei Neckermann auch einen Revolver bestellt.

(1969)

Beim Ansehen einiger Bilder des Surrealisten Dalí

Die Zifferblätter der Regenbogenhäute
schwer zu lesen.
Im Foto-Raster das Ohr, vielfach vergrößert,
nahezu unerkennbar.
In den Gehörknöchelchen aber
findet sie statt,
die Geburt des Insekts,
des masturbierenden.
Fünf Tage, fünf Nächte
vibriert X-null und X-null
die zeugende Rechenmaschine
eh sie sich pollengefüllt
ins Leere gemächlich erhebt.

(1969)

Fragen im Mai

Die eure Arbeit kaufen, loben euch heute als vernünftig.
Einstmals stark irregeleitet, es wurden auch Fehler gemacht,
wäret ihr heute ein erstklassiger Ordnungsfaktor,
das Herz auf dem rechten Fleck, das Auge im
Fernsehkanal.
Kein Haar auf den Zähnen erlächeltet ihr euch geduldig
euere schönere Zukunft.
Ein Horizont von Waren lächele einladend zurück.
Ihr wäret so konsumbewußt, ungeheuer nette
Tubenwurstesser,
ganz unerreichbar den Hetzern.
Mit euern zu putzenden Autos putztet ihr freizeitbewußt
das beste System aller Zeiten.
Ihr wäret die andern nicht mehr, sondern die gleichen.
Achtungsgebietende Sozialpartner, brauchtet ihr keinen
Zwang.
Euren Anteil verteidigend,
den kleinen,
den aber wachsenden,
richtetet ihr euch selber ab.
Die Sprache der Hetzer, ihr würdet sie nicht mehr
verstehen,
auf einen Wink schlüget ihr ihnen die Zähne ein.
Bedeutet das euer Schweigen?
Die über euch herrschen, sprechen sie mit euerem Mund?
Die andern, die Zähne einschlagen, bedienen sie sich eures
Einverständnisses?

(1969)

Aus dem Schnellzug
die Gegenbewegung des Flusses
ruhig und kraftvoll
Enten in ziemlicher Höhe
wechseln verwirrt den Kurs

(1973)

Erinnerungen des kranken Dichters H. K. an seine Mutter E. K.

Sie näht im Fenster zum Hof
an der Nähmaschine.
Schön schwarz über uns ein Gewitter.
Ich richte auf sie meinen Revolver.
Sie fällt nach hinten
und lacht
sich scheintot.
Der Vater indessen zieht Zähne.
Zitterte ich.

(1974)

In einer weißen Bedürfnisanstalt
wasche ich mir die feinweißen Hände.
Da sehe ich plötzlich
ich wasche meine Hände in Unschuld.
Im Spiegel mein Gesicht
hat eine bläuliche Färbung angenommen.

(1976)

Einer Novizin

Ich sah dein Gesicht in der S-Bahn.
Weiß wie Papier
Unbeschreiblich.

Den dunklen Mantel des Schweigens
Bauschten die Brüste.

Die kleinen Vögel der Hände
Ruhten im Schoße.

Wenn sie zu fliegen probieren
Im wachsenden Sommer
Gehst du dort fort, ich hoffe.

(1977, nach einem Entwurf aus den fünfziger Jahren)

Die Kunst der Zuckerbäckerin

Die Braut und der Bräutigam
aus Zuckerguß in der Kutsche
oho
hurra nach Arkadien
schnäbeln die Tauben und Rosen.
Bald ist der Zucker geleckt
verdorrt liegt Arkadien.
Auf kleiner Wiese erholt sich
elegisch die rundliche Braut.
Jetzt zahlt er 5000 Jahre
der faulen der saugenden Süßen
mit Herzblut vielleicht
oder Scheinen.

(1977)

M. versucht M. zu entkommen

Wie M. an diesem Pfingstfest in Alassio ausstieg
unermüdbarer Autofahrer, bewährter Familienkapitän
stieg eben doch M. aus
und mit ihm die M'sche Familie
der weiter ins Auge zu blicken war.
Das hatte M. fast vergessen
und mit ihm die anderen.
Alassio hatte so gar nicht nach M. geklungen
eher nach Spezereien.
Es soll eines Tages nach Sansibar gehen
per Schiff.

(1977)

Annoncenakquisition

Im Spiegel das schnellste, das stärkste
Kampfflugzeug. Wer soll das kaufen, wenn er
beim Morgenkaffee darauf stößt?
Ich finde heraus: Die Nation.
In dieses enorme System
darf sich die ganze Nation einkaufen
jeder verwirklicht in ihm
2,2 mach und schneller.

(1977)

Sie haben alles geregelt
Sie haben alles im Griff
Dem Schoße der Häuserschluchten
entringt sich manchmal ein Torschrei.
Lötete man sie in Büchsen
verlangten sie ein behaartes Loch
und Color TV
vielleicht eine knackige Aufschrift.

(1977)

Ansprüche

Wenn ich etwas kaufe, will ich natürlich nicht,
daß das auf einmal spricht oder losheult.
Kaufe ich mir eine sprechende Ware (Mensch),
so lobe ich ihre Wortkargheit und
ihre Scheu, Gefühle zu zeigen.
Falsch wäre stumm und gefühllos
aber auch zum Beispiel ein Witzeerzähler.

(1977)

Kolonisierung

Wenn abends das Fernsehen angestellt ist,
fangen viele zu sprechen an.
Jetzt sind sie der Welt angenabelt,
die prächtig vorüberrauscht.
Dort dieser Bentley bin ich
und dieser unnahbare Mann.

(1977)

Unterwelten

Die Gutshofweiber in Peilau
die haben mich oft versteckt
hab unter den Unterröcken
die Welt, die neue entdeckt.
Die Wälder die schwarzen und braunen
die rosig gekräuselte Schlucht
still liegend im weichen Moose
hat dort kein Gendarm mich gesucht.
Sie saßen am Feldrand und tunkten
die Semmeln in den Kaffee
ich höre sie reden und reden
und das Herz tat im Dunkeln mir weh.

(1977)

Erinnerung an Warschau
und andere frühe Gedichte

Verbraucht sind die Todeskulte
verbraucht sind die Helden jedweder Art
man hat uns zu lange betrogen
man hat uns zu lange genarrt

Wir kennen den Nutzwert der Helden
wir kennen den Nutzwert des Bluts
der Fahnen verbrauchte Gesänge
dumpf in der Furche des Grabs
dumpf in des Schlafs Katakomben
der Schlachtfelder schwarze Bilanz

Ich kenne den Mann auf der Straße
ich kenne die Frau meines Stadtteils
sie benötigen keine Helden
sie benötigen keine Fahnen
doch Essen und Zärtlichkeit

(1946)

Traumstenogramm

Bald werden Städte veröden
der Plätze Verdrießlichkeit
mir träumte ein Henker mit blödem
Gelächter erwürgte die Zeit
mir träumte ein graues Gerecke
mir träumt eine spinnige Hand
mir träumte der Schleim einer Schnecke
mir träumte ein Strick an der Wand.
Bald werden die Felder vereisen
Gespräche die niemand versteht
die Öde der Wege der Schneisen
und Gräber die offen stehn.
Mir träumte ein Mund ohne Lippen
ein Auge das wimperlos war
mir träumt ein verlassener Schlitten
und Aussatz im Frauenhaar.
Mir träumte ich könnt nicht erwachen
mir träumte ein fleischiger Hund
den hofft ich erwachend zu essen
und Speichel rann mir aus dem Mund.

(1946)

Abends über Gewässern
sinken die Tinten der Schwermut
nistet ein graues Gelächter
in unserer Einsicht sich ein.
Schöne Fledermäuse
schöne Spinnen
wenn ein Kind sie geträumt hat
und wir liebten als Kinder
die Bitterkeit unserer Angst
das entsetzliche Märchen
den toten Vater im Schnee.
Abends über den Schneisen
drängt sich aus schwarzem Gewölk
der glasige Rogen der Sterne
mauert ihr frierendes Licht
uns in autistischen Starrsinn.
Schöne Figuren des Eises
Blumen am Fenster
aber die Mutter ist tot
die uns die Bilder erklärt
und wollene Kleider macht.
Schön ist die Schlittenspur
aber der Schlitten zerbrach.
Wir zogen im Dunkel aus
wir kehrten im Dunkel heim –
Die Tinten des Abends
Der Rogen der Sterne.

(1946)

Schnee
der Erinnerung Schnee
der reinen Gelände des Kindseins
wenn sich die Mutter wusch
nackt an den Fenstern der Träume
wenn sich das Hiersein erschreckte

Schnee
der Erinnerung Schnee
in der Luft
die nach Blut schmeckt
und Spinnweb

Schnee der verlassenen Dörfer
Schnee der zerschossenen Stadt
Schnee
und die Toten im Schnee
Schnee
und die Träume im Schnee
Schnee
und die Toten im Schnee
am Wolchow
bei Woronesch
Schnee in den offenen Augen
Schnee im gefrorenen Haar

Schnee
und die Ahnung des Schnees
wenn es Winter wird
und alles Weiße sich gleicht

(1947)

Gesang von der Rebellion des einfachen Mannes der Welt

Schluß jetzt!
Erspart euch die Rührung
die Reden
die Tränen aus Glas
Erspart euch vor allem Gedichte
Seid taktvoll
Und laßt das Geschwätz
«O dann neige auch Du die Stirne
vor der Ahnen verfallenem Marmor.»
Was denn?
Was solls?
Laßt den Blödsinn!
Der Marmor war Dreck
und die Stirn
ist fleckig bespritzt
vom Gehirn
Mike Tompsons
der siebzehnmal starb.
Weg mit Gedichten!
Schreibt Namen!
Der Menschheit Plakat an die Wand!
Schreibt: Tompson
schreibt: Jakob
schreibt: Karkow
Erschossen
Erschlagen
Verbrannt
Schreibt mit dem Blut des Jahrhunderts

die Schande an die Wand!
Lügt nicht
Verbergt in Sonetten
nicht immer das gleiche Gesicht
Zu trauern hinter honetten
Profiten ist lächerlich.
Sagt Geld
wenn ihr Geld meint –
nicht FREIHEIT
Sagt Öl
wenn ihr Öl meint
nicht FORTSCHRITT
Sagt Dollar
Sagt Schilling
Sagt Mark.
Wir haben die Freiheit erfahren
Wir haben die Ehre geschmeckt
Wir haben das Glück Kameraden
aus offenen Adern geleckt.
Der Fortschritt verreckte am Peipus
An Freiheit da blieb uns allein
der Schuß in den Bauch
und das Stöhnen
des Jungen bei El Alamain.
Schluß jetzt!
Es reicht!
Seht die Zeiten
des guten Geschäfts sind entflohn

Es lohnt nicht um Freiheit zu streiten
am Tage der Exekution
Es lohnt nicht
Was lohnt sich schon?
Schluß jetzt mit Rosen und Wundern
Reißt das Monokel vom Mond
Es blüht das Gras des Jahrhunderts
für den Mann der die Erde bewohnt
Des Mannes aus Stalino
Milwaukee
des einfachen Mannes aus Metz
des Manns dessen Aufstand
den Fuß auf
die Gurgel des Zeitalters setzt.

(1948)

Als ich ein Junge war
hat man die Sonne geschlagen
als ich erwachsen war
hat man die Sonne gehenkt
jetzt will man sie scheints begraben.

(1948)

Von einer Schwierigkeit des Gesanges

Die Straßen beleben sich
der Sommer öffnet den Mund
Im Nervengeflechte der Herzen
brüten die Vögel der Sprache
die Sonne aus

Die aus den Wäldern der Klagen
kamen
verläßt das Gedächtnis

Die Flüsse der Tränen
sind undurchschreitbar für sie

Verliebt in die Lage des Spiegels
werden sie alt

Die Bänder des Kehlkopfs gefrieren
im Luftzug der Proklamationen

(1949)

Der Skeptizismus wird zur Pose
die das Verbrechen verbirgt

1
Alle Tore sind schwarz
alle Tore sind zu
gestern und Grab

2
Gelehnt an den Schatten des Zwielichts
lösen die Zeiten sich auf
in Masse
und Maß

3
In Chronometerschlägen
trommelt der Puls
ins Hirn mir den Nagel des Bluts

4
Der Skeptizismus betrachtet sich skeptisch
das heißt:
er erträgt sich nicht mehr

5
Für eines Kartenspiels Dauer
sind Lüge und Sterben gleichmäßig gemischt

6
Die Spieler zwinkern sich zu
und aus den Spiegeln tropft Blut
einfaches klebriges Blut
auf den papierenen Erdball

7
Seht die Geranienblüten
der weißen Blusen der Kinder
sind Herzblut der Kinder

8
Der Skeptizismus wird zur Pose
die das Verbrechen verbirgt

9
Aus den gefalteten Stirnen
wachsen kristallene Tränen

10
Der Philosophen System
wird faßlich im Heeresbericht

11
Die Bilder maskieren sich
die Bücher vermeiden den Blick

12
Hinunter die Statuten läuft
die Laufmasche eines Gedichts
den Börsenbericht kommentierend
mit Reimen
auf gestern und Grab

13
Ich wehre mich
das heißt:
ich ergreife Partei
für alles was Leben macht

14
Ich ergreife die Partei des Leibes, den ich küsse
die Partei des Grases im Frühlicht
die Partei des geteilten Apfels mit seiner Innenseite
von zärtlich schimmerndem Fleisch
die Partei der Landarbeiter Italiens, die Brachland besetzen
und Mais anbauen
die Partei der baskischen Bergarbeiter, die ihr Café
verlassen, wenn ein Falangist hereinkommt
die Partei der Häuser, die nachts nicht verschlossen werden
die Partei der Gedichte, die aus den Gefängnissen kommen
die Partei der Armee in China, deren Vormarschzeichen
die Rauchfahnen der brennenden Opiummeiler sind
die Partei der Schulhefte, wo keine Fehler mehr angestrichen
werden
die Partei der Stimme von Ernst Busch, der die Erinnerung an
die Marie A. singt
die Partei des Häftlings Heinrich R., der in Zelle 16
des Bunkers in Buchenwald starb, damit es keine
Gefängnisse gebe

15
Ich überwinde meine Berührungsangst
und nehme die Hand dieses anderen
der meine Hand nimmt
und ebenso vorsichtig.

(1949)

Erinnerung an Warschau im Januar 1943

Ich erinnere den Schnee
und ich erinnere die Stadt
den trostlosen Winter der Stadt
die Warschau hieß

So sicher wie ich das erste Erbrechen erinnere
den ersten Stockschlag
das erste geschlachtete Tier
so sicher erinnere ich dich
Warschau
Stadt ohne Licht ohne Lust
Stadt ohne Brot ohne Mut
Stadt du aus Haß und aus Asche
Gekränktes Gespenst einer Stadt
das man in Niedertracht wusch
im Blut und im Schlaf seiner Männer

Ich erinnere die Stadt
Ich erinnere das Blut in den Straßen
das schwarze geronnene Blut
in den Fußspuren derer
die in Stiefeln kamen
keiner Sprache sonst mächtig
als der der Gewehre
des Faustschlags
des Tritts ins Gesicht
Ich erinnere mich daß deine Kinder
ihre Stiefel putzten

«Piccobello-Blitzblank»
um des gewichtlosen Brots
aus Stroh und Verzweiflung
das sie tomatenfarben erbrachen

Ich erinnere den Preis dieses Brots
den Preis der Kartoffeln der Kohle
der Hemden
des Kusses
des Tods
Ich erinnere den Schnee
und ich erinnere die Stadt
den feuchten Geruch alter Kleider
den feuchten Geruch neuen Tods

Schnee Warschau
Stadt ohne Hoffnung
Stadt ohne Wimper und Braue

Ich erinnere den Schnee
und ich erinnere die Stadt
die schlaflosen Fenster des Gettos
den kaftanverhangenen Mund

Ich erinnere den Schnee
und ich erinnere den Platz
die Reihe der einsamen Schuhe
die Reihe der ärmlichen Kleider
von Menschen die barfuß starben

Ich erinnere die Kleider
und ich erinnere die Reihe der Schuhe
so sicher wie ich das erste Erstaunen erinnere
die erste Erkenntnis
das erste Gedicht
Ich erinnere das Gedicht eines Zeitalters
die trostlosen Reihen
den Schlußvers
der Metaphysik eines Zeitalters

(1950)

Gelehnt an den Schatten des Zwielichts
wartet die Mutter des Sohns
den sie in Buchenwald henkten.
Wartet das Mädchen des Mannes,
der aus dem Kriege nicht heimkam.
Gelehnt an die Schatten des Zwielichts
warten die Henker des Bruders
der übrigblieb.
Warten die Henker die Nacht ab
daß sie hervortreten können.

(1950)

Achtundzwanzig Jahre

Ich bin auf den Tag achtundzwanzig
davon hab ich siebenundzwanzigeinhalb
im Grab zugebracht
die Wurzeln der Blumen benagend
unter dem Kopfgrind der Welt

Ich bin meiner Klasse Konserve
zum Schlächter des Worts approbiert
poetischer Massenverächter
poetisch vom Tod fasziniert

He Wallach! Spanne die Schenkel
atrophischer Muskel Papier
Schlamm spritzt wie Hirnbrei
der Ekel
wird Ausweg
wird Dichterdelier.

In den Ruinen des Sommers
zwischen den Galgen des Lichts
murmeln mir Steppenlemuren
immer von neuem ins Ohr:
Du bist auf den Tag achtundzwanzig
davon hast du siebenundzwanzigeinhalb
im Grab zugebracht!

(1950)

In einem Gesicht aus Blut

1
In die Gefechte der Nacht
Werf ich das Netz meiner Nerven,
Schatten zu fangen,
Schatten,
Ich bin der Schatten so satt.

2
Der Pessimismus stellt sich in Frage.

3
Die Wahrheit hat sich halbiert
Und zeigt ihre Eingeweide.

4
Das Blut aus dem Schußloch
Der tränenbespannten Leier
Nimmt den Geruch
Des Entsetzlichen an.

5
Ich beginne zu hassen.

6
In die Kanäle des Zwielichts,
In die Galeeren der Qual,
Hetz ich die Ratten der Worte,
Ekel zu jagen,

Ekel,
Ich bin des Ekels so satt.

7
Der Pessimismus organisiert sich.
Ich beschränke ihn auf die Gegenwart.
Das heißt:
Ich beginne zu revoltieren.

8
In einem Gesicht aus Blut
Öffnet ein Fenster
Durchsichtige Schmetterlingsflügel.

9
Ich bin des Alleinseins so satt.

10
Ich habe nichts zu verbergen.

11
Die Dichtung entkleidet sich
Und zeigt ihren Leib.

12
Die Form einer Brust
Schließt mehrere Lehrsätze ein.

13
Ich bekomme einen Standpunkt,
Ich beginne zu begreifen.

14
Ich komme von unten her,
Ich gehe von unten aus:
Die Worte verschleiern nichts mehr,
Die Worte verweigern den Dienst,
Dem Traum
und der Marschmusik.

15
Sie entscheiden sich
Nützlich zu werden.

16
Der Pessimismus wird politisch,
Das heißt:
Er ist widerlegt.

17
Ich bin unterwegs.

18
Ich beginne zu sympathisieren.

19
Zwischen der Sonne und mir
Stürzen die Kategorien.

20
Mich unterscheidet nichts mehr.

21
Die flüchtenden Jahreszeiten
Entzünden im Wald ein Feuer.
Das Frühlicht verschmilzt mit dem Blut.
Die Stirne entdeckt sich
Unter der Landschaft der Küsse.

22
Ich bin der Verneinung so satt.

(1950)

Mitten in diesem Jahrhundert

Mitten in diesem Jahrhundert
Der wachsbleichen Liebe im Herzen
Der atemberaubenden Angst
Mitten in diesem Jahrhundert
Des kleinen gefährlichen Glücks
Gibt es die Augen der Armen
Gibt es den Willen der Armen
Den Hass und die Hasser zu hassen
Gibt es den Mut des Proleten
Dem Anderen Bruder zu sein

Mitten in diesem Jahrhundert
Dem armen erbärmlichen Schauspiel
Der falschen der sinnlosen Worte
Gibt es den Mut der Rebellen
Die Welt zu erkennen zu ändern
Gibt es den Willen den Menschen
– Jenseits des Trostes der Götter –
Zum Maßstab des Handelns zu machen
Gibt es das Wagnis dem Menschen
Den Anbruch der Menschheit zu nennen.

(1950)

November einer Epoche

November klebt an die Scheiben
zähflüssige Streifen: Krieg!
Im Schlamm der besudelten Fahnen
waten von neuem die Schlächter.

Leer blinzt des Weltgeists Matrize,
der Dummheit Reliquie.

Aus und ein in den verstörten,
brandverheerten
Bunkerstädten,
Hauskonserven, U-Bahnschächten
tragen Zeitungsfrauen Krieg.

Wispert Krieg in Telefonen,
Bankberichten, Stahlbanketten,
Beichtgestühl und Feuilletonen,
Wartesälen, Stempelstellen,
in der Witwen Ehebetten,
gähnend leeren Lazaretten,
wispert in der wüsten Stadt,
die statt Bäume Galgen hat.

November kratzt in die Hirne
der großen Herren Verblendung.
Entschlossen, die Wahrheit zu töten,
wird jedes Wort ein Gewehr.
Mehr
wissen sie nicht.

Nachdem sie die Blumen verspeisten,
bedenken sie uns mit der Rechnung.

Aus und ein in den verstörten,
brandverheerten
Bunkerstädten,
Hauskonserven, U-Bahnschächten,
tragen Zeitungsfrauen Krieg.

Wispert Krieg in Telefonen,
Bankberichten, Feuilletonen,
wispert in der wüsten Stadt;
die noch immer Söhne hat.

Mehr
wissen sie nicht.
Nachdem sie die Erde verheerten,
erklären sie uns metaphysisch
wie man die Sonne beschießt.

Aus und ein in den verstörten,
brandverheerten
Steppenstädten,
Phosphorgrüften, Hausskeletten
tragen Zeitungsfrauen Krieg,
schlurfen durch die schwarze Stadt,
die statt Gärten Gräber hat.

Mehr
wissen sie nicht,
die großen verblendeten Herren.
Mehr
als der Mündung Gewehr
wissen sie uns nicht zu sagen.

(1951)

Schweigen macht schuldig

Wenn in den Trümmern der Städte
Heute die Nachtigall singt,
Ist's wie der Schrei eines Kinds,
Dem ich das Leben schulde:
    Ich duldete Krieg.
Ich wusch meine Hände und schwieg.
    Ich duldete Krieg,
Als ich die Wahrheit verschwieg.
In den Gesprächen des Winds
Quält mich das Lachen des Kinds,
Dem ich das Leben schulde,
Weil ich die Wahrheit verschwieg.

(1951)

Krankengeschichte

Mit sechzehn Jahren erfaßte mich eine Gewindewelle
und brach mir den Schädel.
Es blieb eine Lähmung des rechten Gesichts,
die mich nach ärztlichem Urteil nicht ernstlich
behindert.
Wirklich, wozu brauchen wir
ein Gesicht?

Mit zwanzig erfaßte mich ein Granatsplitter
und entmannte mich halbseits,
was mich nach ärztlichem Urteil nicht ernstlich
behindert.
Wirklich, wozu brauchen wir
Hoden?

Mit dreißig Jahren erfaßte mich eine Empörung,
da schlug man mir die Zähne aus,
was mich nach ärztlichem Urteil nicht ernstlich
behindert.
Wirklich, wozu brauchen wir
jemals die Zähne?

(1951)

An die furchtsamen Intellektuellen

Auf dieser Welt bist du das verrückteste Tier.
Wie der Skorpion, mein Freund,
lebst du im angstmachenden Dunkel,
vollkommener Skorpion.
Aber heraus kommt ein Spatz,
ihr schimpft und erregt euch wie Spatzen
und zieht euch zurück wie Muscheln.
Du bist wie die Muschel, mein Freund,
verschlossen und still für sich
unbeteiligt.
Du bist wie der Krater eines erloschenen Vulkans.
Du bist furchtbar, mein Freund,
und es gibt dich millionenfach.
Du bist wie der Hammel, mein Freund.
Wenn der Viehhändler in deinem Pelz den Stock hebt,
mischst du dich schnell in die Herde
und man lobt, wie gelassen du zum Schlachthaus gehst.
Wahrhaftig, du bist das verrückteste Tier der Welt,
verrückter als der Aal,
der das Meer durchschwimmt
ohne das Meer zu kennen.
Aber die Grausamkeit in dieser Welt
hast du verschuldet.
Und wenn wir ausgelaugt sind, naß von Blut,
und ausgepreßt wie die Trauben
keinen Wein hergeben,
dann trägst du die Schuld.
Es fällt mir schwer, das zu sagen, aber
es ist großenteils deine Schuld, mein Bruder.
(1951, nach einem Gedicht von Nazim Hikmet)

Es schneit in der Nacht

Ich lausche keiner Stimme aus dem Jenseits,
und ich gebe meinen Versen nichts Unergründliches.
Ich wiege die Reime nicht ab wie ein Juwelier,
und ich mache keine schönen Worte.
  Gottlob,
    ich bin frei davon,
      heute nacht bin ich frei davon.

Heute nacht
bin ich ein Straßensänger,
meine Stimme ist nackt, ungekünstelt;
meine Stimme singt für Dich ein Lied,
ein Lied, das Du nicht hören wirst.

Es schneit in der Nacht,
Du stehst an der Front von Madrid
einer Armee gegenüber,
  die alles tötet, was wir an Schönem haben,
    die Hoffnung, die Sehnsucht, die Freiheit,
    die Kinder,
      die Stadt Madrid...

Es schneit in der Nacht,
und vielleicht frierst Du
mit Deinen nassen Füßen.
Es schneit in der Nacht,
und während ich an Dich denke,

trifft Dich vielleicht eine Kugel;
dann gibt es für Dich keinen Schnee mehr,
  keinen Sturm, keinen Tag, keine Nacht...
Es schneit in der Nacht,
Du stehst an der Front von Madrid,
und Du sagst «No pasaran».
Aber wer warst Du? Woher kamst Du? Was tatest Du?
Wer weiß,
vielleicht kamst Du aus den Gruben Asturiens,
vielleicht verdeckt die Binde an Deiner Stirn
die Wunde vom Nordabschnitt.
Vielleicht kam der letzte Schuß
aus Deinem Gewehr,
als die Stukas Bilbao zerbombten.
Vielleicht auch warst Du ein Landarbeiter
auf dem Gut
irgendeines Comte Fernando Valescero de Cartolom,
oder Du hattest einen Laden auf der «Plaza del Sol»
und verkauftest Früchte in starken spanischen Farben.
Vielleicht hast Du gar keinen Beruf,
vielleicht hast Du eine schöne Stimme,
vielleicht warst Du Student
der Philosophie oder des Rechts,
und Deine Bücher
wurden von italienischen Tanks zermahlen.

Vielleicht glaubst Du nicht an den Himmel,
vielleicht auch trägst Du ein Kreuz auf der Brust,

das an einer Schnur festgebunden ist.
Wer bist Du? Wie heißt Du? Wie alt bist Du?
Ich kenne Dich nicht, und ich werde Dich niemals sehen.
Wer weiß,
vielleicht gleicht es den Gesichtern derer,
die Koltschak in Sibirien schlugen.
Vielleicht erinnert es an das Gesicht eines Soldaten,
der auf dem Schlachtfeld in Doumloupinar fiel.
Vielleicht sogar
ist in Deinem Gesicht ein Zug von Robespierre.
Ich kenne Dich nicht, und ich werde Dich niemals sehen.
Du kennst meinen Namen nicht,
und Du wirst ihn niemals hören.
Zwischen uns liegen Gebirge und Meere,
          meine verfluchte Hilflosigkeit
                    und das Nichteinmischungskomitee.
Ich kann nicht zu Dir kommen,
und ich kann Dir nicht einmal
eine Schachtel Patronen schicken,
          oder frische Eier,
                    oder wollene Socken.

Und obwohl ich weiß, daß Deine Füße
an der Front von Madrid wie nackte Kinder frieren,
obwohl ich weiß,
daß alles, was groß und schön ist auf Erden,
alles, was der Mensch an Großem und Schönem
noch schaffen wird,

alles, was mein gequältes Herz erhofft,
in den Augen des Postens lacht,
    der an der Front von Madrid steht,
kann ich in dieser Nacht nichts anderes tun,
als ihn lieben.

(1951, nach einem Gedicht von Nazim Hikmet)

Umgang mit Vexierbildern

Eines Tages werdet ihr der weißen Fratzen müde sein.
Die nutzlosen Gespräche im Kreis werden euch anöden
wie Tapetenblumen und wie Gedichte.
Eines Tages findet ihr
daß ihr in ein Panoptikum geraten seid.
Die bornierten Gesichter unter den tintenbespritzten
Monokeln
werden euch lachen machen.
Die zahnlosen Drohungen werden euch erheitern.
All das Gesindel aus Wachs und Papier
die befrackten Vexierbilder
die lächelnden Silbenrätsel
die Schatten der Heuchelei
und die Spiegeleien der Ratlosigkeit
werden euch ermüden.
Dann werdet ihr ihnen sagen, daß sie gehen sollen.
Ihr werdet sie zwingen zu gehen.
An diesem Tage wird der Himmel
weiß wie Scheuersand sein.

(1951)

Meine Jahreszeit im Gefängnis
einer verlorenen Zeit

Ich spreche für dich und du wirst mich hören
meine Stimme ist einfach
wie ein Gesicht
wie ein Gesicht das man geschlagen hat
Meine Stimme ist wie das Gesicht eines Arbeiters
der eine Straße pflastert
der einen Motor anwirft

Ich weiß den Zweck eines Hammers
ich weiß den Zweck einer Stimme
ich weiß es durch dich
der du vielleicht in diesem Moment
in China erschossen wirst
der du vielleicht in dieser Nacht
in den Tombs von Manhattan
das Alphabet erlernst
das du niemals mehr brauchst

Ich spreche für dich und du wirst mich hören
der du in diesem Augenblick
in Vietnam eine Brücke sprengst
die du lieber erbautest
ich spreche für dich obwohl ich weiß
daß dich meine Worte befremden
daß sie dich lachen machen
da ich von Vergangenem rede

Zu dir
der du ganz ohne Vergangenheit bist
zu dir
dessen Vergangenheit schmolz
als aus den Steppen der Schwermut
dem schönen Gestrüpp der Vertröstung
die ersten Panzer auftauchten
ganz ohne Metaphysik

Ich will zu dir von meiner Vergangenheit sprechen
um mich durch dich
von ihr zu erretten

Ich will von den Jahren der Verzweiflung sprechen
der kleinen Verzweiflung
dem kleinlichen Leid eines Menschen
dem alles verloren schien
als sich der schorfige Himmel
stürzt von der Gletscher Attrappen
und fing im Gespinst einer Zahl
im leblosen Wald der Profite

Ich sah die Nacht durch die Gitter
und mir gefiel die Pose
den Baum und das Licht zu bezweifeln
die atmende Brust und die Hoffnung
das Lachen
den Rhythmus der Winde

alles was schön ist auf Erden
alles was wahr ist auf Erden
alles was jenseits des Ekels
der kleinen Verrücktheiten lag

Ich will zu dir von meiner Vergangenheit sprechen
von dem grotesken Akt
mich einzukerkern
um mich zu erretten
von dem grotesken Hochmut
der großen Verachtung
der kleinen Besonderheit
die mich von dir trennte
von dem gedunsenen Kopf auf der Stange des Ichs
in der Pose des Nichtseins
jenseits der blutenden Hände
jenseits der blutenden Augen
jenseits des Volks das man jeden Tag schlägt

Ich sah die Nacht durch die Gitter
und mich entzückte
der Flug der verwesenden Vögel
der hängende Kopf eines Hunds
voll unsterblicher Trauer
über dem Freßnapf der Zeit
sowie der Gedanke
der letzte Betrachter zu sein
ich

Registrator des Unsinns
ich
Stenograph des Absurden
Caligula
Claudius
Nero
der letzte Verrückte zu sein
auf den Gerüsten des Selbstmords
ins Leere zu grinsen
in göttlich-banaler Pose
wie die Maske Voltaires
und wie Christus
das Ohr in der Hand
das Ende des Menschen zu künden
im mystischen Chor der Zerstörung
im Platzlaut zerspringender Städte
im Platzlaut zerspritzender Schädel
nichts als Betrachter zu sein
nichts
als der winzige Schüler
der Philosophie des Stricks

Ich sah die Nacht durch die Gitter
und mich entzückten
die blassen Gerippe des Lichts
auf den Salzseen
und mich entzückte
die sinnlos erzürnte Gebärde

des rumpflosen Arms
auf dem Pflaster
die zärtliche Klage des Lamms
im hallenden Schlachthaus der Welt

Ich dachte sehr mutig zu sein
ich dachte Saint Just zu gleichen
ich dachte die Wahrheit zu träumen
ich
der ich nur nutzlos träumte
berauscht von der Lust aneinander vorbeizureden
in jener winzigen Welt
wo nur der Tod faszinierend ist

Ich dachte sehr mutig zu sein
ich dachte die Wahrheit zu träumen
indem ich mich verzärtelte
indem ich die Wahrheit vergaß
indem ich die Schönheit vergaß
die Philosophie eines Leibes
und die Blondheit eines Zimmers
eine Stirn die denkt
und eine Hand die sich öffnet

Indem ich fast alles vergaß
was dich groß und anziehend macht
die Freundschaft
die Freiheit

die Freude
indem ich fast alles vergaß
was dich leben macht
obwohl du in diesem Moment
in Anatolien stirbst
obwohl du in diesem Moment
in Griechenland
in Öl gesotten wirst
Für alles was schön ist auf Erden
was du siehst
was du schmeckst
was du weißt
und was du weitergibst
damit es weiterlebe
wie ich durch dich lebe
und wie wir gemeinsam leben
um uns vom Tod zu befrein

(1951)

Notturno
Dem Gedächtnis Paul Eluards

Abgerissen ist der Himmel
von des Horizontes Trauer.
Abgerissen stürzt der Meerwind
in der Tränen weißes Salz.

Weißes Salz, den Tod zu würzen
durchgebackenes Totenbrot
kau ich, um die Nacht zu kürzen,
die dem Flug des Kranichs droht.

(1952)

Wenn ich an diesem Nachmittag sterbe
bleibt von mir nichts
als Beginn und Geschwätz
nichts als ein Haufen unpassender Kleider
unangenehmen Geruchs.
Und es gedenken meiner
die denen ich weh tat.
Nichts
nicht einmal den Tod
leistet ein Einzelner.
Nichts
nicht einmal das Gras
gedeiht im Schatten der Nächte.
Was wirst du sagen
wenn dich dein Sohn fragt
warum du ihn zeugtest?
Was sagst du
wenn deine Hirnrinde erblaßt
mitten in einem Gedanken?
Verschon mich mit klugem Geschwätz!
Alles ist falsch
was irgendein einzelner denkt.

(1952)

Radio

Worte die Füße im Blut
Augen die Wimpern geteert
Aus den getigerten Herzen
wachsen getigerte Blumen.

Betrunken betasten Gewehre
die Fontanelle des Kinds.
Geranienblüten, Balkone
unter dem Absatz des Mords.

Immer das Blut nah dem Brot
Immer das Messer im Buch.

Schreiend verwandelt im Rundfunk
ein Satz sich in gellende Salven.

(1952)

Gesang vom Elend und Ruhm der großen Stadt Berlin

Als deine Straßen brannten,
Als man den Schädel dir kahl schor,
Tauschten die Herren die Jacken:
«Hey boys, beerdigt Berlin!»
    Schwarz war der Himmel,
    Und schwarz war der Rauch,
    Und das Grab war ebenfalls schwarz.
    Und weiß war das Kind,
    Und weiß war auch
    Das Brot, das uns fehlte im Bauch.

Als deine großäugigen Frauen
Die Plätze zu säubern begannen,
Lachten die Herren und sandten
Erinnerungsfotos den Satten.
    Kalt war die Erde,
    Und kalt war die Hand,
    Und das Grab war ebenfalls kalt.
    Der Wind pfiff durchs Dach,
    Und der Regen rann sacht
    Übers Zeitungspapier an der Wand.

Als deine glatthaarigen Frauen
Die Steine zu schichten begannen,
Schickten die Herren Zahngold
Und silberne Löffel den Satten.
    Zehn Camel – ein Trauring.
    Zwei Camel – ein Brot.

Und der Himmel war immer noch schwarz.
Die S-Bahn ging,
Und wir kauften zum Mittag
eine Katze am Potsdamer Platz.

Als deine schmalhüftigen Frauen
Die Mauern zu ziehen begannen,
Als deine zerbombten Fabriken
Die Glieder zu rekeln begannen,
Erschraken die Herren und sandten
Chiffrierte Berichte den Satten.
Und der Frühling kam,
Und die Sonne schien warm,
Und es wuchs tatsächlich noch Gras.
Die Wolke flog weiß
Durch den Pfirsichbaum,
Und das Grab war nicht mehr so schwarz.

Als deine zarthäutigen Frauen
Die Dächer zu decken begannen
(ohne die Herren, versteht sich),
Als deine Fabriksirenen
Das Leben zu preisen begannen
(ohne die Herren, versteht sich),
Erblaßten die Herren und baten
Die Satten um Maßnahmen.

(1952)

Auschwitz (1953)

Saß da ein Vogel im Baume
wohl an die zehn Jahr,
sang da ein Vogel im Baume
sein Lied hatte weißes Haar.

Asche im Wind. Es schluchzet
die Rose am Wegrand nicht mehr.
Asche im Wind. Es schluchzen
die träumenden Vögel nicht mehr.

Hing da ein Nebel im Baume,
der gänzlich entblättert war.
Hing da ein Nebel im Baume
wohl an die zehn Jahr.

Asche im Wind. Es schluchzet
die Rose am Wegrand nicht mehr.
Asche im Wind. Es schluchzen
die träumenden Vögel nicht mehr.

War da ein gläserner Kasten
gefüllt mit Frauenhaar,
das Kilo zu fünfzig Pfennig
zu kaufen vor zehn Jahr.

Asche im Wind. Es schluchzet
die Rose am Wegrand nicht mehr.
Asche im Wind. Es schluchzen
die träumenden Vögel nicht mehr.

War da eine Wolke in Auschwitz,
Wolke aus goldenem Haar,
die hat man zu scheren vergessen
vor etwa zehn Jahr.

Asche im Wind. Es schluchzet
die Rose am Wegrand nicht mehr.
Asche im Wind. Es schluchzen
die träumenden Vögel nicht mehr.

(1953)

An einen Soldaten der Atlantikarmee

Wir kennen uns gut, Kamerad.
Wir kamen
Aus Woronesch.
Zwei Mann von zweihundert.
Das ist im diesjährigen Winter
Zehn Jahre her.
Du und ich.
Zwei Mann von zweihundert.
Du mußt Dich daran erinnern –
An diese Bündel aus Schmutz,
Aus Knochen,
Aus Lumpen,
Aus Blut,
Die in den eisigen Wüsten,
Im harten Gebell der MGs,
Heimwärts sich schleppten,
Mußt Du Dich heute erinnern.
Zwei Mann von zweihundert.
Zwei Mann.
Du und ich.
Wir sprachen damals nicht viel,
Doch wir beschlossen damals,
Niemals für Lügen zu sterben,
Niemals auf Brüder zu schießen.
Das ist im diesjährigen Winter
Zehn Jahre her.

(1953)

Die Nacht streut Futter den Wölfen
den Frühling den Frösten
die Blüte dem Tod.
Die Nacht streut Futter den Wölfen
die Küsse dem Reißzahn
die Träne dem Eis.
Der Morgen zeigt keinerlei Blutspur.

(1954)

Zwei Lieder des Stadtstreichers Franz Sambale aus dem Stück Der Aufstieg des Alois Piontek

1

O süße Himmelsgabe,
o reine Macht der Banknote,
die du erweckest die Todsüchtigen
und erleuchtest die Kleingläubigen.
Singen machst du die Dichter
und denken die Professoren.

Lieblich verklärst du das Auge des Maklers
und lieblich die Herzen der Lieblosen.
O holde Kraft der Banknote,
die du die Wunder der Welt täglich staunend erneuerst,
gepriesen sei deine Bescheidenheit!
Das schlichte Gewand aus Papier,
bequem in die Tasche zu stecken.
O schlichte Besiegerin des Todes.

2

Was für ein Stümper war ich,
das Obst von den Bäumen zu stehlen,
das Brot aus den Läden zu stehlen
oder die Uhr aus der Tasche
in Zeiten des großen Geschäfts.

Ich alter Esel!
Wie kann man ein Autorennen
gewinnen mit einem Hochrad!
Mit Blindheit war ich geschlagen.

(1954)

Sonntagsspaziergänger

Die in schlechten Anzügen gehen,
sehen den Himmel aus Seide.
Die, deren Wohnungen stinken
riechen den Frühling im Volkspark.
Unter den zerbeulten Hüten,
in den zerknitterten Anzügen,
denken die Männer am Sonntag:
Es könnte viel schlechter sein.
Unter dem Eindruck der Natur
betrachten sie ihre Lage
als eine natürliche.
Die Frau hat am alten Kleid
eine fast neue Schleife,
das Kind einen Luftballon.

(1957)

März-Gedichte I

März-Gedichte I

Das weiße Wiesel

Das weiße Wiesel (Hermelin)
hat eine schwarze Schwanzspitze
Warum?
Weil es zurückfinden muß
zu seiner Sommerfarbe
Hellbraun.
Am liebsten allerdings
wäre es grün.
Da säß es im Grünen
und schaute
vorwiegend fidel.
Hellbraun ist nicht so gemütlich.

Die Familie

Wenn es Sommer ist
und schön warm
macht die glücklichere Familie
einen Ausflug in den Zoo nach Groß-Breslau.
Sie sehen die Raubtierfütterung
und andere Lustbarkeiten
z. B. das Gnu.
Im Aquarium sehen sie
den elektrischen Fisch (Rochen).
Der sieht sie auch.
So stecken sie in der Falle.

März-Gedichte I

Der Vater

Der Vater ist viereckig
und raucht
schwarze Virginia
Am Sonntag im Bett
zieht er den Kindern gern
schnurgrade Scheitel.

Die Mutter

Die Mutter ist eine Milch
eine schön warme.
Aber in der man ertrinkt.

Auf dem Motorrad
heidi
mit Familiensitz
fährt die Familie ins Grüne
führt den Zusammenstoß herbei
mit einem Schäferhund
fällt von dem Sitz rab
und reißt
Löcher in Seidenstrümpfe.
Da hat die Mutter geweint.

Das Nest

Haarig und scheinbar auch wärmig
liegt an dem Ufer das Nest.
Liegen darin neun Eier
bräunlich, nur eines ist weiß.
Als nun das Hochwasser kommt,
sieht man nur noch das weiße.
Im Wasser schwimmen.

März-Gedichte I

An der Quelle saß der Knabe
das Wasser mit Buchstaben zu versehen
aber es las sich kein Wort

März-Gedichte I

Das Kind

Das Kind wird unter Aufsicht der Eltern
geboren und kommt in eine Anstalt, wo es
sich an die Ordnung gewöhnen soll.
In Gott sind 3 Personen.
Du sollst nicht Unkeuschheit treiben.

Das Sein vom Schein im Wintermoos

Der Schatten des schneeweißen Schnees
ist merkwürdigerweise lila
falls er ein Schatten auch ist
und nicht zum Beispiel ein Eisbärfell
beim Fotografen in Peilau.
Vielfach verbirgt sich im Lila ein andres
manchmal ein Fernsehgerät, das
bei einem Picknick im Moor
glücklich vergessen wurde und jetzt
still versinkend gern grübelt.
wie ich.

Der Traum ist ein Papier
der Traum ist zur Nacht
da kam der Pförtner
der die Tore aufmacht.

Weihnachten in Duisburg (eine Erinnerung)

Schön anzusehn wurden die Christbäume angezündet,
wurden die Teppiche weit und breit ausgelegt,
das Eselein kann kommen,
jetzt brannte die Stadt lichterloh.

Das Glück

Der das Glück hat kann leben.
Das geht nicht schwer.
Es rollt der Koloß allein
im Frühling und nährt sich.
von Aas. (Vergangenheit)

Wochenbad der Pfleglinge auf Abteilung 5

Zu fünft zu baden, denkt man, ist
viel gemütlicher als sehr einsam allein,
aber es baden mit uns noch viel andere
teils Pfleger teils Märtyrer
und Erinnerungsbilder
da ist das Bad überfüllt.
Es zirpen elektrische Duschen.
Männer die sich küssen
sind Polen oder schwul.
Vivat Papa und Pflegling Saulus VI.

März-Gedichte I

Wochenbad auf Abteilung 5

Bis zu den Ohren im Wasser, seh ich
die Kacheln schwitzen.
Um vier kommen die Fleischerhunde.

Waberlohe, Feuersbrunst, höllschwarzer Zuber Benzin.
Flieg, feurige Eule, flieg flusige Fledermaus.
Himmlischer Bräutigam erscheint Lohberg-Nonne.
Zünd an, zünd an,
Petroleuse.

Mein durchstrahlter Kopf ist ohne Fehl und Tadel
wünsche ihn als Porträt in meine Wohnung zu hängen
Glastonpuri USA
und als schönes Paßfoto in meinen Paß.
Was mir am besten gefällt ist seine Verwechselbarkeit
und daß man ihn deuten muß gegen das Licht.

Der schwarze Radfahrer, ich
krebste im Glatteis die Straße

Saal 6

Das philosophische Licht um mein
nicht zu öffnendes Fenster.
Süß unterm Schatten des Bettes
der Schlaf
des von Apollo geschlagenen.
APOLLO ist ein
schön heimeliges Kino in Breslau.
Wo man gern fühlte die Fut.

Das Blut zuweilen scheint rot
der Fische sowohl wie der Hühner
tiefrot ist der Hahnenkamm
über dem Auge aus Eis
o schon gerupft ist der Hals.

Die Spirale

Sie ist rund und windet sich immer
hinan. Sie wird nur deshalb Spirale
genannt befindet sich in der Uhr
genau so wie im Kugelschreiber.
Als ich mich auf dem Berg befand,
hatte ich sie verloren. Die Spirale
sieht aus wie ein Hindu.

Der Dolch

Heft an festen Dolch gewesen
muß ein Dolch gewesen sein
steht drinnen im Blute
und wacht, ob draußen kann da nichts entstehen.
Da dolchte es in mir herum
wie deutsche Ärzte sich vertun,
Ich bin klein, mein Herz ist rein.
Da muß etwas geschehen sein.

Die Uhr

Sehr schön sieht man auf die Uhr
Zifferblatt, Zeiger und Sekundenzeiger
damit die Zeit vergeht,
aber sie vergeht sehr schlecht
ach, lange dauert die Zeit.

Die Ausfahrt

Mit dem Zug fuhren wir nach München
zum Oktoberfest.
Dort standen wir am Riesenrad.
Wir fuhren einmal eine Runde mit.
Da hat er mit der Trompete geblasen.
und wir sahen über München (bei Nacht).

Gründen

In meiner hiesigen Irren-Anstalts-Zelle
gründete ich die Riesenstädte
Ovianda, Akmolinsk, Alupka.
Das gab zu tun.

März-Gedichte I

Die Wüste

Eisklapp die Stumme Sandweit war
so klar war auch mancher Soldat.
----
panzte sich das Schwert heran.
nein leider weiter geht es nicht.
als bis zu mir herein.

Blick hell, blick dunkel, niemals Humpel

Durch das Auge kannst du
verschiedene Vergnügungen sehn
es ist ein Pleasure.
Manchmal tropft es leicht,
manchmal weint der Mensch,
es wird wieder gut.

Das Netz

Das Netz ist überall
Gitternetz
Network
aber gleichwohl nicht der Fisch
sprottig und manchmal auch glitschig
schwimmt er der Netzhaut entlang
ins Grüne.

Was kostet Alexander?

Zum Frühstück 2 Scheiben Brot
Butter und Marmelade
sowie Kaffee
macht 40 Pfennig (höchstens)
zum Mittag, je nach Wochentag,
muß man heute schon einsfünfzig
für ihn anlegen
am Abend, wenn es Gelbwurst gibt
+ Käseecken
schon mal noch eine Mark
plus Pfefferminztee.
Für das Bett berechne ich pro Nacht
aber
aber allerhöchstens
eine Mark 95 im Schlußverkauf
und verlange Ruhe sowie
viel schnelleren Zeitumlauf
(mindestens 2 ½fach).

Das Licht aus den Stallungen schleicht gelblich
zu einem Streifen Schnee hin.
Aus meiner Entfernung
sieht man es wesentlich kälter.

März-Gedichte I

Im Hörsaal 1

Die Mineralwasserflasche
grün
hat einen Korken aus Plastikrot.
In der Nähe des Halses schweben
drei Studenten auf dem Kopfe.

Im Hörsaal 2

In den Brillen im Dunkeln
schimmert ein scharfes Licht.
Doch schon bei leicht gesenktem Kopf
ist es verschwunden.

Hell lesen wir am Nebelhimmel
wie dick die Wintertage sind.
———————————————
Langsames Leben ist lang.

haus, hausen, hausbrot

Im Haus hausen die Häusler
verteilen manchmal das Hausbrot
aber schön hart ist das auch.

Auge, faß! weiß oder grau
ist nur zum Sehn da,
doch ist es zu.
____
Schuhe Erdal, Schuhe Urbin
mit Schuhen kann man gehen hin.
____
Wei wa der Baum die Weihnacht naht,
Lombra die Nacht und ein
Schwung.

Wer hier ist, ist nicht dort. –
Schnee, Schneehöhle, Schneehölle –
weiß, weißbleierne Eier
im Stock
Die Höhle in Virginia.

Drais,
der Erfinder des Kreises
begegnet mir jeden Abend fünf Uhr
mit der Zeitung.
Der Erfinder des Quadrats
erstaunlicherweise
ist ein Schlittschuhläufer.
Warum?
Er liebt die Schwierigkeit.

Das Schweigen

Wenn das Reden überflüssig geworden ist,
ist es nicht schwer zu schweigen.
Schwerer ist es schon auch
ganz in Gedanken zu schweigen,
doch mit der Zeit
kommt Zeit, kommt Rat.
Das Schwere am Schweigen,
hat man es einmal heraus, ist
das Aufhören. Wozu das Schweigen brechen?
War nicht das Schweigen das Ziel,
worauf man sich hier in Lohberg
allseits hat einigen können?

Das Leben

Das Leben ist schön
schon so schön als das Leben.
Das Leben ist sehr schön
das lernen wir.
Wie schön ist das Leben (juhu!)
Das Beben der Herzen im Leibe der Hunde.

Der Elefant

Der Elefant gleichwohl riesig
fristet sich durch.
in Zoo oder Zirkus.
Der Elefant geht auf. den Zehen –
Der Elefant ist schon hier.

Grau

Die Farbe der Ehre ist sonst grau.
grau gemischt mit grün.
grau wie die Maus und die Uniform.
Die graue Ahnung
für jeden Soldatenrock
Die graue Farbe und ein Nock.

Das Gewitter

Hochdramatisch in Sommernächten
ist das Gewitter.
Gewaltig entlädt sich des Himmels
Elektronatur
in feurigen Blitzen und Praterlicht.
Sturm fährt durch bleichgrüne Bäume
und peitscht den See und die Flüsse
im Wetterlicht.
Bald wenn der Regen dann rauscht
ist das Gewitter vorüber.

März-Gedichte I

Fein ist das Weiß
und weich ist das Weiß
und auch in der Mitte zerreißbar

März-Gedichte I

Weiß

Mit weißer Kreide an ein weißes Haus
Strichmänner schreiben und eine weiße Fotze
Auf weißem Leinen das Brautkleid
mit weißen Strümpfen und Schuhen
Perlweiß die offene Muschel
auf dem geweißten Kamin

März-Gedichte I

Das Feuer

Heida das Feuer ein heiliger Strauch
kann sein als Kartoffelfeuer
oder im Ofenloch
oder in Ingolstadt
ein Mineralöllager
ist immer ein Abenteuer
Heida das Feuer über der Wüste Gobi
muß sehr schön sein.
Ich kann für dich durchs Feuer gehen
heißt es sehr leicht
das ist das Märchen vom Aschenbrödel
als ich gegangen bin
brannte ich ab zu Asche.
Man sagt sehr leicht
ich bin abgebrannt.
Ich bin ganz Feuer und Flamme
sagt sich gleichwohl noch leichter.

März-Gedichte I

Der Winter

Der Winter hat vielerlei Ansichten.
Im Winter liebe ich ein Ordnungsgefühl.

Das Leben

Das Leben ist überraschend
und manchmal denkt man etwas klein.

März-Gedichte I

Der Fluß im Winter

Der Fluß im Winter fließt traurig
so grau
Wenn er mehr Wasser hätte flösse er fröhlicher
wie die Menschen auch.

März-Gedichte I

Sie haben die Zischlaute
aus dem Alphabet geklopft,
jetzt bauen die Barrikaden.

März-Gedichte I

Die Zigarette

Es war ein Junge wo auf der
Straße anderer Junge war
Er zündete sich eine Zigarette
an, das Feuer fing,
der Holunder brannte ab.
mit ihm.

Der Schnee

Der Schnee ist weiß
und weich ist der Schnee
unter dem Schnee möchte ich liegen
und schaun

Die Hoffnung drückt das Herz.
Das Herz tut weh.
Schlau kommt der Tod als Hoffnung.

Der Vater

Der Vater ist das oberste Mitglied der Familie,
der Täglichbrotversorger.
Weiland geht er in die Fabrik arbeiten.
Von dem Geld kann die Mutter
einkaufen gehen. Der Sohn wartet zu Hause
bis der Kauf gelungen
ist. Der Vater war früher der Sohn.
Als er eingerückt und die Erlebnisse fürs Kind
gemacht hatte, war er ziemlich fertig.
Dann spielte er Fußball beim FC Wacker 05.
Und knapp darauf kam ich.

März-Gedichte I

Das Auto

Das Auto ist ein Rundrenner
(Otto-Motor)
Da es vier Räder hat
bin ich das fünfte.

Dem Christus von Wimprasing
sagt man wachsen die Locken
was ihm wirklich wächst
das ist der Dicke,
dem Klerus in den Arsch zu stecken.

März-Gedichte I

Ich bin Herr Kavulai
in Ihrem Kibek-Teppich Geschäft
und schnitze nach Ihren Entwürfen
aus Mahagony.

Das Lieben

Das Lieben ist schön
Schöner als das Singen
Das Lieben hat zwei Personen
Das ist beim Lieben der Kummer

März-Gedichte I

Am Pflaumenbaum
hängt die süße,
die kleine, die saftige,
auch Zwetschge genannt
und gern von Wespen benascht.

Das Haus

Das Haus sollte Fenster haben
und auch viele Türen haben
sollte es.
Darin zu zweit
zuweilen
wäre sehr schön.

Was möchte Alexander?

Ein Bein im Tangoschritt
zwischen zwei schönen Beinen
(der Tango Jesu genannt)
Was möchte Alexander noch?
Keinen Blumenkohl.
Aber die singende Säge sein
der strahlenden Fundamente
Futschikato,
die japanische Seerose
ahoi schönes Mädel.

März-Gedichte I

Das Wasser

Am Ufer muß das Wasser rauschen
Der Busch erinnert sich
an Wehren und Wasserfällen.
Ein Busch ist ein günstiges Versteck
für Sittlichkeitsdelikte.

Der Tod 1

Der Tod ist ganz groß.
Der Tod ist groß.
Der Tod ist Grütze.
ißt Grütze.
Der Tod ist auch.
Der Tod ist auch dumm.
Ich kann in den Tod gehen.
Der Tod in der Schule als Mädel.

Der Tod 2

Der Tod ist ein Junge der
gerne Fäden abschneidet zum Beispiel
im Herbst die Drachen auf Wiesen und Stoppelfeldern.
Verkleidet auch gerne sich als Gerichtsvollzieher
schneidet die Fäden ab an den Gewichten
der Standuhr.
Parzt sich da immer ran.

Der Tod 3

Der Tod ist
Der Tod ist allüberall
Der Tod ist sumpfgrün und kotbraun
Der Tod ist ein Freund der Akten
Der Tod ist ein Do it yourself.

Der Tod 4

Der Tod ist
allüberall ist der Tod
Freund Hein in Büro und Fabrik
jedoch am liebsten daheim
Der Tod ist ein Allesverwandler
verwandelt die Welt in Papier
drum riecht der neuere Tod fast gar nicht mehr.

März-Gedichte II

Oktoberengel 1

Bei uns in Deitschland die Oktoberengel
werden gern im November ernannt
zu Zeiten der Winternebel.
Da frieren die Engel und zögern
durch Kahlfeld und Flur.
Wenn plötzlich ein Schuß fällt
sehen sie es ist Treibjagd
und sie
sie sind die Treiber
atmen sie auf.

Oktoberengel 2

Einmal sogar kamen die Oktoberengel im Mai
als ausländische Oktoberengel
und suchten hiesige Novemberengel.
Die hatte man aber erschossen.

Oktoberengel 3

Die Oktoberengel kommen bei uns
wenn überhaupt sie kommen
vorwiegend leis im November
als verfrühte Weihnachtsengel.
Da die Felder kahl sind
sitzen sie still und getarnt gern
zwischen den Grünkohlpflanzen
im Winternebel.
Zeigt einer auf ihr Gewehr
ist das eine große Adventskerze.
Zeigt einer auf ihre Faust
kratzt sich die schon am Kopf.
So listig und so gedankenvoll sind unsere
deutschen Oktoberengel

Oktoberengel 4

Die Oktoberengel kommen bei uns
lieber im November
da sind die Felder kahl
und es gibt Grünkohl mit Speck.

Lohberg-Dorf

Der Phallus des Pfarrers
(Kirchturm)
hat einen goldenen Blitzableiter.
Ducken sich unter ihm kuschelnd
die Rotschädeldächer der
Mädchen und Buben
ins Grün der Obstgehölze.
Wenn schwere Gewitter drohen
streichen sie heimlich
durch Knospen- und Venusgebirge,
hören die Frühbirnen fallen
ins nasse
ins schmatzende Gras.
Läuten zur Andacht die Glocken.

Mein Lieblingsplatz

Von meinem Lieblingsplatz verlange ich
daß man nicht viel sieht
aber doch etwas.
Von einer Glastür zum Beispiel
den oberen Teil mit Ausblick zur Küche
oder die Hälfte des oberen Teiles (Milchglas)
wo kurz zu sehen ist wer Essen vorüberträgt.
Der Ausschnitt des Himmels von
einem Kellerfenster nach oben schräg durch
ein Trittgitter
ist mir ein lieberer als gänzlich.
In der Begrenzung es zeigt sich der Sehmeister.
Einsam *und* nichts ist sehr traurig.

Hypnotiseure und Hypnotisierte

Als auf dem Gebiete des Wahnsinns
ich noch ein Knabe war
fühlte ich mich hypnotisiert von
diesem und jenem.
Aber es war gerade
daß ich aus der Hypnose aufgewacht war des
Du-sollst und Du-willst.
Der aus der Hypnose aufgewachte
scheint allen krank.
Wieso will einer nicht Hypnotiseur werden
und sagen Du-bist und Du-willst?

Tiefsee

Der Mühlstein um meinen Hals
der mich am Boden des stillen Ozeans hält
(Galatheatiefe, 10 540 m)
wird täglich 1 Millimy leichter.
Wenn ich ihn nicht mehr wiege
steige ich auf
bis 22 Fuß unter die Wasseroberfläche
betrachte die taumelnden Schiffskörper.

Farbfoto. Heidersdorf.

Ach, diese Kurve des Sandwegs
kuglige Weide
ein Teich
in meinem entwöhnten Gehörgang (Asyl)
hör ich das Summen der Bienen
Wo ich nicht bin
ist es schön.

Ich bin meiner Kindheit treu

Das sündige Kind mit den schwarzen Wollstrümpfen,
das zwischen den schwarzen Stühlen von Abraham erstochen
und aufgebahrt wurde,
bin ich für mich geblieben,
seh aus den Fenstern des Schlafsaals mein Peilau.
Die Bäume stehn kahl und bereift,
die Sträucher besprechen sich.

Schmutzwäschesortierung in Lohberg

Wenn ich die Schmutzwäsche sortiere
interessiert mich das Blut
das hier für Jesus vergossen wurde.
Nicht reichte Veronika
diesen ein Schweißtuch dar.
Und steinern blickt Kraepelin.

Nachts

Die Stille ist hier in der Nacht
manchmal sehr laut.
Der Schrei nach innen
hat stark an Volumen gewonnen
und lagert in mir
nahezu unbeweglich.
Der Teich aus Quecksilber hat
meine Untertemperatur schon angenommen.

Flugtechniken

Die Fanatiker des Geradeausflugs im Vieleck
die großen Winterfliegen
spazieren an Decken und Fensterscheiben
können aber auf dem Kopfe nicht fliegen
wie ich.
Leider
ich kann auf dem Kopf nicht gehen.
Zeichne vielleicht demnächst
die Generalstabkarten der
luftigen Labyrinthe außerhalb von mir.

Naturerscheinung

Auf der anderen Seite des Regenbogens
finden sich mutmaßlich
die gleichen unwirklichen Farben
in ähnlicher Anordnung
und automatischer Harmonie
pompös in die Landschaft gestellt.

März-Gedichte II

Glück 2

Manchmal denke ich, es wäre angenehm
ein Talisman zu sein
um anderen Glück zu bringen
oder Erinnerungen
von einem blinden Invaliden
aus Streichhölzern gebaut
im schönen Riesengebirge.
Die Ansicht der Kirche Wang z. B.

März-Gedichte II

Das Leben nach dem Tode (Spiegel Nr. 26)

Mein entwischtes Ich
mit Saugnäpfen flüchtig fixiert
auf Fliederbäumen (blaßlila und weiß)
beobachtet den zurückgelassenen Rotbart (mich)
auf seinem klinischen Gammelbett
mit Fliegenaugen (Sehkugel)
und möchte nicht mehr zurück.
Sehr schön ist vor allem das Aufhören
das schöne Schwarz am Ende des Films
im dunklen Kino
wenn man darin ein Könner ist.

Egoexzentrik

Ich kann ich sein oder ein anderer.
Ich bin ein anderer.
Ein anderer ist ich.
Ich bin viele andere.
Ich bin auch die Summe der Ansichten von mir.
Ich bin vor allem meine Ansicht
von den befürchteten Ansichten der anderen von mir.

Was ist Theater?

Theater ist doch
der Blick durch das Umgekehrte
Fernglas auf künstlich Beleuchtetes
Kindergehäuse
wo sich die stark verkleinerten
Puppen
in stark verkleinerten Höllen
die Herzen aus dem Leibe schneiden
die Sprache verkleinern zu Seufzern
in Samtbordieren
und warten auf
den Theaterbrand.

Der kleinweiße Junge (ich)
auf dem Familienfoto
scheint mir zu winken
doch läßt er die Flederhand
sinken
wie er mich sieht.

Hören und Nichthören

Die Sprache, ein Mundvoll Töne,
man schenkt mir, wenn ich die Bedeutungen nicht enträtsele,
eine Spieldose.
In jedem Wort so viel
und so schwer zusammen zu bringendes.
Und zwischen den Wörtern noch mehr.
Allein schon die Augenbrauen.

März-Gedichte II

Die Entstehung der Gebirge

Früher da gab es zumeist Vulkane
und Magma-Faltungen
Heuer speien viel besser
Verstädterungen
die Berge aus Schutt und aus Müll
die Schleifen aus Eisenbeton
Der Reifen des Empedokles
im Frohsinn des Aquaplaning

Panorama

Auf der Scheiblalm (1725 m)
am Fuße des großen Bosenstein (2475 m)
stellte ich mir eine Panorama-Kunst
über das ganze Tal vor:
Z. B. das Tal voll Autowracks
vergoldet, von Wiesen eingesäumt
mit äsenden Elefanten.
Im Himmel ein brennender Zeppelin.

März-Gedichte II

Bundestagswahl

Zu sehen das Weiße im Auge der Parteien
heißt Horror vacui.
Manchmal gefällt mir die Brille
von diesem und jenem.
Ahoi

abramlend

Dies ist das Land der Lüge
in zwei Teilen
sagt März von seinem Vater-Lande
abramlend

März-Gedichte II

März nannte abramlend auch
Monopolyland
Prinzheinrichmütze und Sepplhut
unter der Familienlampe beim Familienspiel

Die Spinne

Die Spinne ist ein Raubtier
auch wenn ihr Netz an Handarbeit erinnert
und in ihm glitzert der Tau (Tränen)

März-Gedichte II

Hän(d)sel und Gretel
wurden bekanntlich gegessen
(Wienerwald, Verdistraße)
Was nun?
Was tun? (Lenin)
Vergessen!

Auf-Hören

In diesem Sommer höre ich die Grillen nicht mehr
auch nicht das Ticken der Armbanduhr.
Das ist schon ein schöner Anfang.
Das Ohr geht voran im Aufhören.

März-Gedichte II

Die Anziehungskraft des Wassers

Das Schöne am Wasser ist
seine Austauschbarkeit.
Ist man ein Tropfen
juchhe
ist man auch schon ein anderer.
Zusammen das Wasser bewegt
gewaltige Mühlsteine,
Turbinen enormer Kraftwasserwerke
und höhlt doch als Tropfen den Stein.
Wenn wir Wasser wären
flössen wir kühl und umarmt
die grünen Wiesen entlang.

März-Gedichte II

Gräser

Die Schwellkörper
des Wiesenschwingels
sind schön verziert
mit Pfauenfedern (verkleinert)
wedeln vergnügt hin + her
bewedeln die Staubblätter
auf die bekannte Weise. (hab acht)
Gefällt mir noch gut
die zweinarbige
Seggen-Blüte
sowie
das zwittrige Ährchen
von der Kobresie
(mann-weiblich)
weil sehr asyl-praktisch.

März-Gedichte II

Der Baum

Der Baum
fluß- oder wiesengebunden
schaut meist
still
über Gebüsch und Kriechkraut
Bei Wind
der Baum obzwar stämmig
flüstert mit 5000 Silberzungen
Versprechungen
Im Sommer spendet er Schatten
Der Baum ist kein Kriecher
beherbergt solange es geht
vielerlei Lebewesen
eh er im Winter erstarrt
Der Baum wenn er nicht aufpaßt
ist um ihn rum schnell ein Wald
Liefert uns Holz und Papier

Der Psychiater

Der Vorsteher der erkrankten Seele
ist der Psychiater
genannt auch
Graupenfänger, Klapsgreifer und Meisenwart.
Den neuen Geist des Patienten zu schmieden
ist er dem Gemeinwohl hauptverantwortlich.
Der Irrsinn ist die Hauptarbeit
der psychiatrischen Vaterschaft.
Pfleglinge, Pfleger und Ärzte üben sich
ein in babylonischen Pavillonen I-XII
verstehen sich nicht in 10000 Sprachen.
Jetzt zieht der Arzt eine Nummer
daß der Patient im Geiste seiner Krankheit
sich vervollkommnen kann.
Er schützt die Worte des Patienten und
läßt ihn Gedichte schreiben.

März-Gedichte II

Der Golem

Wenn der Golem zu groß geworden ist ihm
den Kopf abzuschlagen
mit seinem W an der Stirn
Wahrheit
Wissenschaft
Wahnsinn
muß man den G. höflich bitten
sich zu bücken
indem man ins Ohr ihm was flüstert
wegwischt das W und
den Kopf.

März-Gedichte II

Das Einhorn

Wenn man das Einhorn gesehen hat
in einer Schlucht oder Waldlichtung
(z. B. bei Kleutsch auf dem Kleutschberg
im Winter)
hatte man ausgesorgt
wurden die Wünsche erfüllt
Ballonfahrt und Kuß durch ein Mädchen
Maria, die Jungfrau, überreicht mir
in Bali die Ananasfrucht.
Leider ich sah bisher niemals ein Einhorn
stell es mir prächtig vor
mit rotem Schwanz
eine Feuerlohe.
Das Einhorn kommt gerne bei Nacht
trinkt gerne Stutenmilch.
Ich selbst bin ab an ein Einhorn
die Welt ein Ameisenhaufen.

März-Gedichte II

Frühling

Die Knochengerüste der Bäume haben sich begrünt
Langsam zu traben beginnen die Reiterdenkmale
Ich höre die Erdrinde knacken
Zum Fenster herein schaut eine Fußballmannschaft

Argentinia (Polen – BRD 0:0)

Jetzt werden wir auch diesen Krieg nicht gewinnen
hochgerüstet
auf einsamen technischem Stand
und Meister der Strategie
ach Flohe
ach Fischer
ach Bonhof
ach wie ein Mann hinter euch steht die Heimatfront.
Kommt jetzt der Dolchstoß per Satellit
und durch euch
in unser Color TV?

März-Gedichte II

Körpergefühle

Die Puppe aus Zelluloid
in der ich stecke hüftabwärts
steckt in einer größeren Puppe
ebenso rosafarben
ich sehe den Anschnitt der dritten
gerade noch.
Irgendwo liegt sie
in einer Pappschachtel in
einer größeren Pappschachtel
mein Gesicht ein blutender Veilchenstrauß.

Uhren-Leasing

Die Uhren in meinem Kopf
die ich nicht abstellen kann
sind anders als die
in meinen Fingerspitzen zum Beispiel
oder in meinem Schwanz
ganz anders auch als die Uhr
meiner sich hebenden Lungenflügel.
Empfinde die Uhren im Kopf
die leisen
mit Batteriebetrieb
nicht mehr als meine
doch weiß ich auch nicht von wem
wer diesen Service mir ordert.

Der Tod 5

Der Tod ist ein out
ein Transatlantiker-Nichts
auf Amphibienkurs
                                        JENSEITS
ein Traum ohne Bild ohne Ton
Der Tod ist ein Mathematiker
ein Fallbeilerfinder Schmidt.

März-Gedichte II

Der Tod 6

Der Tod ist ganz einfach
ein Stein

Der Tod ist die Angst vor dem Tod

Der Tod ist das Ende des Lebens

Der Tod ist kein Tätigkeitswort

Ich seh durch die Blüten des Kirschbaums
den festen Leichnam des Stamms
    Ich habe den Tod in mir
    Der Tod ist ein Stammheim
    Der Tod ist ein Meister
    der eine weiße Wand mit
    weißer Farbe bemalt
Die Angst vor dem Tod ist
die Angst vor der Wahrheit
Tötet der Tod?
Das wird ihm nur zugeschrieben.

Umgang mit Paradiesen
Späte Gedichte

Jerg Ratgeb von Grieshaber

Vier starke Pferde
wie (technisch) zerreißt ein Mensch
wo bleibt das Glied
wo der Kopf
was für Gedanken
macht er
denen
die seine Stücke betrachten?
Nur dieses Glück
nicht der
Ratgeb zu sein

(1976)

Im Begriff
ein braunes
Stachelbeerblatt
abzureißen
fliegt es.
Ein Schmetterling
also erschreckt
dich. (mich)

(1976)

Rückkehr

Auf dem Schreibmaschinenpapier
ein sargschwarzer Käfer
riesig und tot
entpuppt sich
als vergessene Rosenblüte

(1977)

An philosophischen Kaminen

Wenn die Geschichte
eine Geschichte
des reinen Denkens wäre
oho
da ständen wir da
Wenn andererseits
die Natur
der Ausdruck der absoluten
Ideen wäre
ließe es sich
in ihr
mutmaßlich
nur philosophisch leben
also fast nicht
Der Weltgeist
erfreulicherweise
kümmert nicht
Stock und
nicht Stein
reitet die Wiesen hinunter
als wären diese aus Gras
lobt mit dem Kanzler Candide
die Freiheit der reinen Idee

(1977)

Die Partei Josef Stalins

David Alfaro Siqueiros
der Maler der Revolution
wird ausgewählt
mit aufopferungsvollen Genossen
in Coyoacan, Mexico
das Gehirn des Genossen Trotzki
mit Maschinengewehren zu durchlöchern.
Ich betrachte ein Foto:
eine durchlöcherte Tür
in Höhe des Bettes von Trotzki.
War das die Tür zur Welt?
Trat dann durch sie der Mann
mit dem Eispickel
in diese Eishöhlenzeit?

(1977)

Traum im September

In eisiger Höhe die Flucht
streifend die Eisenbahnzüge
Zäune aus Panzerglas.
An Gletschern im Eishauch bersten
die Lokomotiven.
Mit kolossalen Kanonen schießen Soldaten
in Pulvertürme.
Zurücktreten
ruft ein Stationsvorsteher
und pfeift.
Auf dem Perron im Dunkeln stehe ich.

(1977)

Bäckereibesuch in Polnisch Schlesien

Das Brot aus dem Backofen meines Großvaters
Lagiewiki, ehemals Heidersdorf
(Bäcker Szczepaniak)
ist auf der Autofahrt schimmlig geworden
langer grünstaubiger Riß auf mehliger Unterseite.
Versteinert dient mir das Brot
braun auf dem Fensterbrett
als Kinderzeit-Denkmal.
Sah, in die Höhe gehoben, einstmals
das Land meiner Sehnsucht
braun werdende Pfefferkuchen.
In dieser Backofengrube roch ich
Mohnschnecken und Eierschecke.
Graf Strachwitz warf seine Bombe
durch dieses Backstubenfenster.
Durch diese beschädigte Haustür
kamen die Bauernburschen (SA)
zur ersten Hausdurchsuchung.
Hier wurde ich geboren.

(1977)

Der Backofen überlebte meinen Großvater
Die Kölnischwasserflasche meine Mutter
Diese Schreibmaschine wahrscheinlich mich.

(1977)

Besichtigung (Buchenwald)

Die aus dem Rahmen gerissene Zellentür 16
müßte (ich bilde mir ein)
die Bunkerzelle meines Vaters gewesen sein.
Ich nehme sie auf mit meiner Practica
lasse sie körnig vergrößern
und hänge sie mir an die Wand.
Es ist ein pathetisches Foto.

(1977)

Umgang mit Paradiesen

Denen ich gleich sein möchte
die sollen mir nicht zu nahe kommen
beobachte ich an mir.
Nova insula
nova Atlantis soll bleiben
im milden Gedankenlichte
zehntausend Werst und weiter.
Ein Iltis schaut rein und erschrickt.
Ou topos heißt kein Ort
lese ich.

(1977)

Rauhe Alp

Kahl das Gesträuch
weites Land
Schnee an der Windschutzscheibe
ganz plötzlich
Ein Hase rennt über die Autobahn
wartet am Mittelstreifen
die Geräusche ab.

(1977)

Mordmotive 1

Meine Stieftochter hat sich in ihre Hand geschnitten
ein Tropfen fällt in den Schnee.
Was ist der Grund, daß dieser Tropfen
mich so beunruhigt
mehr als die blutende Hand?

(1977)

Mordmotive 2

Im Schnee
Hühnerfedern und Blut.
Rundäugig und wie geträumt
bewegt sich das weiße Wiesel
über den Holzstoß
und schaut.

(1977)

Tagtraum in Hamburg Mönckebergstraße

Schwarzes Gesicht
unter gesprenkeltem Hut
Ein Rappe sprengt durch die Straßen
der wahnsinnigen Schaufenster
An einem Imbißstand betrachte ich
die Brustwarzen der Wurstverkäuferin
und lege Feuer an.

(1977)

Auf den Schultern
über den nassen Hansaplatz
trägt ein alter Mann
einen grauen Hirtenhund
spazieren.
Über den Staketenzaun
auf Zuruf
springt ein Kerl
poliert seinem
Liebchen die Fresse
staunend stehn
die Passanten
bis sich entfernt
das geübte Liebespaar
von einer Freundin
begleitet.

(1977)

März in Hamburg-Harvestehude

Elegant zu zweit
mit süßlich gespitztem Mund
(Mon Chérie)
schreiten wir zierlich die
Außenalster entlang
pappen der Knienden
Schnee an den Venusberg.
Hamburg im Schnee
das wollte ich immer so gerne
so gerne mal sehen
schon wegen
der stolzen Schiffe im Packeis
und den berühmten Feuerbestattungen
mit Hans Albers. (La Paloma)
Stelle mir vor Graf Zeppelin
auf einer Hafenrundfahrt
mit brennender Zigarre!
Auch die verfallenden Lagerhallen
sind sehr schön
die zusammengerosteten Hebedocks
und Eisengießereien.
Begeistert aber sehe ich
das stolze Schiffsriesenwrack
Atlantis
im Hafenbecken versinken
denn auf dem Oberdeck spielt
eine Damenkapelle.
Hamburg bei Nacht
muß ganz herrlich sein.
(1978)

Es steigt ein Rauch über der Mühle auf
näher kommend sehe ich
es sind Vögel
riesiger Schwarm.
Selten geworden sind
diese gütlichen Überraschungen
(durchreisende Naturereignisse).
Den Wagen anhaltend schreibe ich
den Vers auf meine Bäckertüte.

(1978)

Über der Mühle ein Rauch
schwarz und schnell steigend
Näher kommend sehe ich
es sind Vögel
grau-schwarzer Schwarm
wechselnd die Paradiese
im weißen
im Märzenhimmel
Schleier schon über dem Waldstück
bald nur noch Helligkeit.

(1978)

Den Bach hinunter

Als Kinder haben wir in die Bäche gespuckt
und wußten, die tragen uns ins Meer
Brandung der Klippen bei Dover.
Wenn dann der Regen zurückkam
die Felder durchtränkte im Landregen
pißten von Brücken wir gern
ins brüllende Hochwasser
Schuppen fortreißend und Vieh
stürzend den steinernen Nepomuk
ins wilde, ins kreischende Wasser
den Bach hinunter ins Meer
ins schiffeverschlingende.
Jetzt wissen wir, es gibt kein Meer und
keine Klippen bei Dover.
Jetzt, wenn es regnet, sitzen wir still in Büros
onanieren in Handwaschbecken.

(1978)

Lesereise

Im Zug nach Aachen behalte ich
ein Gasometer entfernt sich.
Kommenden Tags
in gegenläufiger Fahrtrichtung
behalte ich erneut
ein Gasometer entfernt sich.
Erblinde bei Düren
im März.

(1978)

TV-Notizen 1
Die Gleichheit vor dem Gesetz

Die Richter im Prozeß Croissant, Stammheim,
erfahre ich mit Genugtuung, beantragen,
daß nach den Anwälten jetzt
auch ihnen in die Hoden gegriffen werde vor
Betreten des Sitzungssaals, damit
sie sicher seien, daß Dynamit nicht
eingeschleppt werde und nicht gebeugt
der Rechtsstaat. Im Anus auch keine Handfeuerwaffen.
Um den Gedanken abzuweisen, die fühlende Polizei regiere
die dritte Gewalt, da sie die Richter abfühle,
schlagen die Richter vor, sie zuerst fühlen
den Polizisten die Hoden ab,
ehe diese ihnen, denn
Rechtsstaat gehe vor Polizeistaat und
gleich seien alle bekanntlich vor dem Gesetz und
hinter ihm.
Benachteiligt sehe ich noch die Staatsanwälte.

(1978)

TV-Notizen 2
Hören Abhören wer wen?

Den Kopf in die Schultern gezogen
Beil in der Hand und Gebetbuch
empört sich ein bewährter Fleischer
Kirchenlateinisch
jemand in seiner Nähe
habe Tiere geschlachtet
fordert das Schlachten von Tieren
generell und aus humanen Gründen
zu verbieten
da er jeden Fleischbedarf decke.
Wer seine Schlachtlust nicht zähmen könne
solle bietet er an
bei ihm schlachten
unter seiner Fleischerführung.
Da heben die Fleischer die Beile
und singen die Fleischerhymne
aus alten Gesangbüchern
denn er ist wie sie
und kann Kirchenlateinisch.

(1978)

Die Liebe

Küssend fährt meine Zunge
die Perlschnur der Zähne entlang.
Die Gischt meines Speichels bespült
schneeweiße Knochenketten
ragend aus blutrotem Fleisch.
Über die rosigen Brüste hin
über die Nässe des Bauches
fühle ich
Zahn bei Zahn
die sich umarmenden Knochen.

(1978)

Tyger in Holy Town

England
grün-grüner Vorhang
weidende Schafe im Regen
Männer in Mülldeponien.
Hinauf die Bahndämme wachsen
die Bierbüchsen.
In Autohalden nistet die Nachtigall.
Tyger, Tyger
du mußt jetzt die Scheiße fressen
von Warren Hastings und
der East-Indian-Company.
An den Flechtgittern der Garküchen
stehen die Bums und warten
daß ihre Jacken trocken werden.
Was sie verteidigen
sind die leeren Bierkisten
auf denen sie stehen
wenn die Müllabfuhr kommt
bis sie von ihr verschluckt werden
im frühen Mai
im frühen, im grün-grünen Mai.

(1978)

Ein düsterer Tag

Regen
grün-grüne Hölle
es wachsen die Augen mir zu.
Alle Sinneslöcher zugestopft
schläft der Mensch.
Schreiben das ist vorbei. Sie kommen
mit Gewehren auf mich zu.
Ich träume, ich werde zerlegt
es ist ein Anfall von Gicht
im ersten Fingergelenk.
Jetzt muß der Kanal zum Hypothalamus
auch zugestopft werden
überflutet die Rieselfelder der Erinnerung.

(1978)

Mein Vater, der selten gelacht hat,
fand seinen allmählichen Tod komisch.
Zum Lachen, die sprachlichen Entgleisungen!
Die Hand erkennt keinen Bleistift,
man kann seinen Namen nicht schreiben!
Er lacht schon, wenn er mich sieht,
weist einen neuen Verfall vor,
zum Beispiel die Faust,
die sich ab heute früh nicht mehr öffnen läßt.
Der Tod ist ein Humorist.

(1978)

Als meine Mutter starb, sagte sie:
Was ist da groß zu sagen?

(1978)

Von dem Gebrauch des Feuers
zu der Erfindung der Kurbel
vergingen 500 000 Jahre
aber nicht viele zu uns.

(1978)

Die Reise nach Damaskus

Alles frisch erleben
hell feucht begierig
die Sinne aufgestellt wie Tasthaare.
Über die feuchten Hügel
dieser weißbrüstigen Frau
seh ich Atlantis aus den Meeren steigen.
Willst du das Land verlassen?
Ja.
Verstehen der Haut
des Hautdrucks
die Luft ein weißliches Schweben
des Samens der Eschen den Fluß lang.
Nicht MEIN und nicht IMMER.
Es brennen die Versicherungspolicen
ein Gedicht,
es muß nicht aufgehoben werden.
Der Geschmack *eines* Salzkorns auf
meiner Zungenspitze
breitet sich aus.
Willst du das Land verlassen?
Oh ja.

(1978)

Pädagogische Provinzen

1

Was auf den Tisch kommt wird gegessen
Selber essen macht fett
Wer zuletzt lacht lacht am besten
Die dümmsten Bauern haben die dicksten Kartoffeln
Wer am Morgen pfeift den frißt am Abend die Katz
Denken ist Glückssache
Geh nicht zu deinem Fürscht wenn du nicht gerufen wirscht
Lesen verdirbt die Augen
Du machst was ich dir sage

2

Wer zuerst kommt mahlt zuerst
Hunger ist der beste Koch
Wie einer ißt so arbeitet er
Kleinvieh gibt auch Mist
Sich auch mal was versagen können
Klein aber mein
Ideale haben
Herzensbildung
Wer nicht hören will muß fühlen

3

Vorsicht ist die Mutter der Porzellankiste
Wer viel fragt wird viel gewahr
Eine Krähe hackt der anderen nicht die Augen aus
Mit den Wölfen heulen
Träume sind Schäume

Was kratzt dich das
Denk dir dein Teil
Der Esel geht auf das Eis tanzen
Die Gedanken sind frei

(1978, nach Materialien von 1967)

Störche

Wenn ich den Weg zu mir beschreibe
in Langengeisling rechts
am Gasthaus mit dem Storchennest
sind mir die Störche doch peinlich.
Wo Störche sind
kann da ein Dichter wohnen?
Zeigt das nicht dessen
bedenklichen Realitätsverlust?
Jetzt im August
fliegen die froschfetten Störche
behaglich nach Sansibar.
Ihr Nest bleibt in Langengeisling
und ihre weißliche Scheiße.
Ganz in der Nähe der Dichter
kann nicht verloren gehen.
Gespeichert sind seine Wege
im BKA-Computer.

(1978)

Verständigung

Die Bauern, wenn ich mit ihnen spreche,
reden lauter als sonst.
Es scheint, sie verstehen mich nicht,
sind sich nicht sicher, ob nicht
ein andres gemeint sei
hinter Fischteich und Schweinemast.
Ich aber versuche verzweifelt
weniger zu meinen
als irgendwer meinen könnte.
Sie sprechen aber schon sehr gut Deutsch,
lobt mich der Taxifahrer.

(1978)

Hingewiesen auf Schwierigkeiten
der Besitzabgrenzung
setze ich der Straße entlang
einen Viehkoppelzaun
niedrig
mehr ein Geländer.
Aber ich frage mich doch:
Kann ich den Zaun in mir niederreißen?
Es irritiert mich wenn
fremde Leute in der Wiese Blumen pflücken.
Wenn Kinder zum Baden kommen
sehe ich sie nicht gern.

(1978)

Wintertags

Das Land liegt still.
Ein Schuß kann einem Freund gegolten haben.
Ich schließe die Fensterläden
werfe den Paß in den Fluß
ich gebe mich als verschollen aus.
Unter dem Schnee
er reicht nicht
Vogelskelette
noch an den Flügeln behaart
rosa ein Gummihandschuh.
Der Mensch bestimmt sich selbst
lese ich
durch das was er tut.

(1978)

Teheran – Kairo – Jerusalem

Die Familie Rockefeller
hält sich einen Präsidenten
wie ich mir einen Hund halte.
Natürlich ist er viel teurer
aber er muß auch mehr reisen.
Jetzt wird das Benzin drastisch teurer
um Energie zu sparen.
So straft er die Ölkonzerne.

(1979)

1

Welcome in Germany (BRD)

Wenn sie in meinen Papieren blättern
Seiten in ihre Computer geben
schaue ich auf das Schild
WELCOME IN GERMANY
Sehen sie mir ins Gesicht
schaue ich nicht zurück
Wenn sie meinen Körper abtasten
hebe ich die Arme
spreize ich die Beine
nehme ich die Mütze ab
Höre ich ihr Okay
gehe ich blicklos und schnell
Wer dieses Land zu betreten wünscht
ist ihnen hinreichend verdächtig

2

Willkommen in der Hauptstadt der DDR

Wenn mein Paß in ihren Schlitzen verschwindet
stelle ich mir die Mannschaft vor
die jetzt den Prüfakt vollzieht
hinter den Milchglasscheiben
am fließenden Aktenband
Ich bin nicht imstande
die Nummern meines Zettels zu behalten
rufe bei jedem Aufruf im Stirnhirn die Endziffern ab
Die Durchsicht meiner Schriften lasse ich zu
Dem Prüfer meines Gesichts
entziehe ich die Mitarbeit
Verdächtig wer dieses Land zu verlassen wünscht
Höre ich sein In Ordnung
betrachte ich unerwartet
sein weißes Kontrollgesicht
Ein Fettfleck in meinem Paß rührt mich
Hinter den Milchglasscheiben ist gegessen worden

3
Welcome in Germany BRD & DDR

Es müßte doch von jedem Paßträger
eine Duftmarke herzustellen sein
Dann säßen den Schranken entlang
die wedelnden Schäferhunde
(ein Produkt aus Deutschland)
Rief jemand von ferne BLONDIE
spitzten sie alle die Ohren.

(1979)

Land im Winter

Land im Winter bleiches Land
schneedünn die Spuren
entfernen sich von mir.
Ich bin in mir gefangen
wie in einem Schnee-Eisen.
Ich gebe mich als tot aus.
Ein Junge kommt aus dem Bunker
mit einem angebissenen Brot.
Der Schuß
kann einem Freund gegolten haben.
«Sie sagen,
ich soll das alles gesungen haben»
sagt Busch in seinem Asyl zu mir.

(1979)

Mein verstorbener Vater im Traum
hat meine gestreifte Weste angezogen.
Sie war ihm etwas zu groß,
ich wollte sie ihm nicht lassen

(1980)

Hermetik

Für Rudi Dutschke

Durch mein an die Wand gemaltes
Fenster: Gemalte Wiesen im Rauhreif.
Die weiße Straße entlang
schiebt sich ein Leichenwagen
und hält.
Wohnt hier Herr Dutschke aus Dänemark?
fragt mich der Fahrer und nickt.

(1980)

Der Winterstorch in Langengeisling

Jetzt da die Nebel fallen
da jetzt die Kälte kommt
seh ich dich gern auf dem Dach
einbeiniges Prinzip Hoffnung

(1980)

Neuerdings wieder
träume ich manchmal
in dieser bestimmten Steinschlucht
erschossen zu werden.
Neuerdings wieder
stößt diese bestimmte Maschine
(IL 2-Schlachtflugzeug)
in der ich den Piloten erkenne
auf dieses bestimmte Gestein
hinter dem ich mich im Kreis bewege
und denke
das wird dein Grabstein.
Und nicht das Maiblumental
und nicht der dämmernde Wald
der sich den Fluß hinab kräuselt.

(1980)

Der Blick der Kühe über
das triefende Grün des
Sauerampfers am Flußrand
ins ausbetonierte Es
meines Realitätenhandels (Seele)
betastet mich
fordert fast schon mich auf
über das Wasser zu wandeln
an ihren Eutern zu saugen
und neben ihnen zu liegen
die schwarznassen Nächte lang
das Herz inner Plastiktasche

(1980)

Die Sonne ein bleicher Schatten
Nässe steigt aus den Sümpfen
Tiefer jetzt graben sich die Regenwürmer
Die Fische auf dem Grunde erstarren
Jetzt werden die Hasen gejagt
Die Zukunft die Made im Speck
die versteinert

(1980)

Beim Anhören von vier Stücken
für Violine und Klavier
von Anton von Webern

1
Des Waldes verdunkelter Tann
Schneelicht
über den Fahrten des Schlittenkinds
Des Weges ? Wohin
gleitende Eisen ?
Des Steinbruchs Basalt
es altern gestreifte Gestalten
Der Flugschnee weiß wie Arsen
verdeckt die Fährten
zu uns.

2
Schnellendes Wasser es fließt
ruhigen Tiefen zu.
Rückwärts kriechend im Dunkeln
zerschneidet der Krebs
das Aas
im schwarzen im brachigen Wasser.

3
Graue Korallengebirge,
in denen wir schnorchelnd stochern
Brocken aufheben
fest noch und schnell zerfallend,
wie sie verrecken wir bald.
Schon singt die Amsel im Kirschbaum
Erinnerungen.

(1980)

Herr Nachbar, auf ein Wort

Dich macht kein Staat mehr fertig
Du bist der Selbst-ist-der-Mann
Du sagst zu dem Bullen danke
der dir die Beine abgreift
Du kreuzt die Steckbriefe aus
Die frisch erschossenen Täter
erschießt du auf dem Papier
Du bist nicht der Staat, Herr Nachbar
aber sein Exkrement
Dein Vater, der sang doch noch
wenigstens
von der Rosa, die im Kanal schwimme.

(1980)

Der Eisvogel

Eh mir der Eisvogel Glück
einmal im Jahr ins Bild kommt
stößt er unter der Brücke
ein kurzes Signal aus
ein Zirpen
entfaltet, den Fluß entlang schwebend
sein strahlendes Blau
für mich.
Der schwarze Holunder im Herbst
die schwindende Pflaumenbläue.
Da bebt für Momente mein Herz.

(1980)

Dezembermond

Für die Pia

Der Mond, enormer Ballon
steigt schnell durch die Zweige
verkleinert sich langsam im Aufstieg
Hinter das Schwarzstoppelfeld
fällt er blutend und schnell.

(1980)

Behinderung

Im Schnittpunkt der durch mich zirkulierenden Ideen
stehe ich für mich im Dunkeln
Ich kann mich nicht sehen

Für alle anderen stehe ich gut beleuchtet
und lade zu Ansichten ein
ich bin darauf angewiesen

Ich stehle die Ansichten von mir
die meine Zensurbehörde zuläßt

Ich verberge die dunklen Ansichten von mir
vor mir und den andern:
Ich schreibe
Ich nenne das Wahrheitsfindung

(1980)

Von der Utopie zur Wissenschaft
Zur revolutionären Umgestaltung der Polizei

Erkenntnisse bringen Erkenntnis
NADIS informiert
INPOL speichert
DISPOL überträgt
Haarproben
Stimmproben
Bluttests
Handschriftendatei
Stimmendatei
Störerdatei
Direktzugriff aller Polizeistationen
Personenkennzeichen
Einwohnerdatenbank
Datensatz 170 Daten
Informationelle Durchsichtigkeit des Bürgers
Endgeräte in jedem Polizeirevier.

1. Kommentar:
«Das Recht der Polizei, die öffentliche
Ordnung und Sicherheit zu erhalten,
schließt die Befugnis ein, sie mit zu gestalten.»
Dr. Herold

2. Kommentar:
«Ich betrachte das Nachleben des Nationalsozialismus
in der Demokratie als potentiell bedrohlicher
denn das Nachleben faschistischer Tendenzen
gegen die Demokratie.» Dr. Adorno

(1980)

Bäder

Manchmal wenn ich gekachelte Räume betrete
ein Bad, einen Waschraum
eine gekachelte Schwimmhalle
sehe ich mich nach Spuren um
Haar in den Abflüssen
heruntergeflossenes Lysol
Sekret an den Borsten des Scheuerbesens.
Am Rost der Duschen
an weißen Kristallen aus Kalkresten
schnuppere ich zwanghaft
hör' ein Gesumme wie Bienen
das leiser wird und verstummt.
Entschuldige mich beim Wärter
der in der Tür steht
und mich beobachtet hat.
Sie sind wohl fremd hier?
Nein, nein.

(1981)

Säle (Anatomie und Recht)

Kein Anatomiesaal beleuchtet
Spucknäpfe zwischen den Richtern
Der tätowierte Arsch einer Frau
nicht eingehaltenes Treatment
verwirrt einen Bildhauer.
Es spricht die Anatomierte
unterbricht die Verhandlung
entfernt sich vom Zinktisch lasziv
gehen die Scheinwerfer aus, wenden sich
Kameradollys.
Peinlich den Autoritäten
Gestützt auf Geländer schweratmend
schweißtreibend blätternd in
vierjährigen Voruntersuchungen und
druckfertigen Urteilsbegründungen.
Alle Atlanten falsch?
Wertlos die Rechtskommentare?
Ins blendende Dunkel, Minuten, spricht die
bebrillte Alte Dreckwörter aus, ein Sturzbach
das Allerobszönste, die Wahrheit
und wird endlich abgeführt.
Jetzt werden die Klappen geschlagen:
Lux orientale, die erste!
Regieassistenten ordnen auf Treppen die Rangordnungen.
Bildhauer nehmen die Maße.

(1981)

Die Fremde, wo wir zu Hause sind

Die Tapeten der Wohnungen, die wir verlassen haben
erscheinen in unserem Gedächtnis.
Hinter den Tüllgardinen in den gealterten Zimmern
schlafen die Mütter im schrägen Sonnenlicht.
Die Schatten der Vögel schweben wie Fische im Wasser.

(1981, nach Paul Eluard)

In den weißen Nächten meines Polarkreises
sehe ich das schwarze Gras wachsen
Fühle es in der Frühe
auf meiner pelzigen Zunge
Höre es mittags wachsen
den Rachen
den Kehlkopf hinab
über die Coronargefäße
ins ruhig schlagende Herz
in seine Kammern voll Blut
Lautlos schließen die Türen
und öffnen sich immer noch lautlos
Im Blutfluß bewegt sich das Gras

(1981, nach einem früheren Entwurf)

Wer, wenn einen, wen suche
ich schreibend
der aus dem Dickicht hervortritt
der Betonwaldungen, tausend
schwarz, in der Hand die Lunte
ein Flächenbrand
über den Wüsteneien
der Bierbüchsen
und Haarspraydosen
Die Lohe aus den
Versicherungspalästen
ergreift die Stille der Banken
es fliegen die schwarzen Vögel
verbrannten Papiers
unleserlich über die
glimmenden Abraumhalden
Und mit dem Feuer vorgehend
spricht niemand
In den Gefangenenstädten
am Fenster
auf Freigangsbalkonen
nehmen die Zwangsbefreiten
ratlose Haltungen ein
Es schweigen die Fernsehgeräte
Vor ihren Sehnsuchtsaugen
erscheinen Eisflächen und Wüsten
Man sieht die Stürme darüber
aber man hört sie noch nicht
Die eisigen Himmel
scheinen ganz menschenleer.
(1982)

Alter Hecht, Angelsbruck

Am Abend seh ich dich springen
aus deiner schilfigen Dickung
einsam wartender Bruder
raubsüchtiger Melancholiker
einmal am Tag zum Nachtmahl
die Starre aufgebend
die grübelnde Blödigkeit
an diesem schilfgrünen Ufer
den Grund des Flusses nicht sehend
und nicht die Helle des Himmels
gegen dich selbst dich wendend
gegen die stehende Zeit.

(1982)

Anhang

Editorische Bemerkungen

Der Abdruck der Gedichte in thematisch-zeitlichen Blöcken folgt weitgehend der Struktur, die Heinar Kipphardt seinem Lyrik-Band «Angelsbrucker Notizen» (München 1977) gab. Der Abschnitt «Späte Gedichte» wurde neu in das vorliegende Buch aufgenommen. Innerhalb der einzelnen Abschnitte wurden die Gedichte, soweit möglich, chronologisch geordnet.

Der kleine Essay *Wie machen Sie Gedichte?* erschien zuerst in der Zeitschrift «literatur konkret», Frühjahr 1978. Der im Text erwähnte Karl Pawek war ein Mitarbeiter dieser Zeitschrift.

Der Abschnitt *Angelsbrucker Notizen* wurde aus Kipphardts gleichnamigem Band fast unverändert übernommen, lediglich die Variante «Angelsbrucker Notizen 11 a» ist neu eingefügt.

Auch die Auswahl der *Gedichte 1960–77* folgt weitgehend Kipphardts eigenem Band; neu aufgenommen ist darin der Text «Ich vergesse die Gesichter der Leute».

Der Abschnitt mit *Frühen Gedichten* wurde anhand von Texten aus Kipphardts Nachlaß erweitert. Neu aufgenommen gegenüber dem Band «Angelsbrucker Notizen» sind folgende Gedichte: «Gesang von der Rebellion des einfachen Mannes der Welt», «Mitten in diesem Jahrhundert», «November einer Epoche», «Schweigen macht schuldig», «Es schneit in der Nacht», «Gesang vom Elend und Ruhm der großen Stadt Berlin» und «An einen Soldaten der Atlantikarmee». Kipphardt selbst hatte an manchen frühen lyrischen Arbeiten für den Abdruck in den «Angelsbrucker Notizen» Veränderungen vorgenommen; diese wurden für die Werkausgabe beibehalten.

Die *März-Gedichte I* folgen in Auswahl und Anordnung dem Band «Angelsbrucker Notizen», neu eingefügt wurde lediglich der Text «Gründen».

Bei den *März-Gedichten II* wurden alle Texte ab «Gräser» neu aufgenommen.

Zu den *März-Gedichten I und II* bemerkte Kipphardt im Anhang der «Angelsbrucker Notizen»: «‹März-Gedichte I› enthält alle Gedichte aus dem Roman ‹März› und dem Film ‹Leben des schizophrenen Dichters Alexander März›, dazu eine Anzahl Gedichte, die in diesem Arbeitszusammenhang entstanden sind und nicht veröffentlicht wurden. Für diese Arbeiten empfing ich starke Anregungen aus den Veröffentlichungen psychopathologischer Texte des Psychiaters Leo Navratil (‹Schizophrenie und Sprache›, dtv 355, München 1966, und ‹a + b leuchten im Klee›, Reihe Hanser 68, München 1971). Besonders beeindruckt haben mich die von ihm publizierten Gedichte des kranken Dichters Herbrich (Pseudonym). Einige der von Navratil veröffentlichten Patiententexte wurden für die Zwecke des Romans oder Films, und meist sehr frei, benutzt. Die Gedichte ‹Die Spirale› und ‹Die Zigarette› von Herbrich übernahm ich nahezu unverändert. (...) Die ‹März-Gedichte II› sind später entstanden. Sie setzen die März-Figur fort, die sich in mir, wiewohl verändert, behauptet hat.» Näheres zu den März-Gedichten im Nachwort des Herausgebers im vorliegenden Band.

Die Texte im Abschnitt *Späte Gedichte* entstanden großenteils nach der Veröffentlichung des Bandes «Angelsbrucker Notizen». Sie stammen aus dem Nachlaß Heinar Kipphardts; einige von ihnen wurden bereits in Zeitschriften oder Anthologien publiziert.

Erläuterungen zu einzelnen Gedichten

Angelsbrucker Notizen 8 (S. 20): «Im März 1977 hießen die Bundesregierung und der Bundestag gut, daß von Geheimdiensten in Wohnungen eingebrochen wurde, um deren Inhaber durch versteckte Mikrophone abzuhören. (Lauschangriffe). Sie billigten auch, daß Verteidigergespräche mit ihren Mandanten in Gefängnissen abgehört worden waren, obwohl sie gerade kurz vorher Gesetze beschlossen hatten, die das untersagten.» (Kipphardt)

Angelsbrucker Notizen 16 (S. 30): Bezieht sich auf eine Stelle in «Prinzip Hoffnung», 3. Band, wo Ernst Bloch die Philosophie des Lao-tse interpretiert. Bloch starb im August 1977.

Fragen im Mai (S. 53): Bezieht sich auf die revolutionären Vorgänge im Mai 1969 in Frankreich und deren Auswirkungen in anderen Ländern.

Unterwelten (S. 64): Peilau war der Name des Ortes in Schlesien, in dem Heinar Kipphardt aufwuchs. Der Ortsname wird auch in den März-Gedichten mehrfach verwendet.

An die furchtsamen Intellektuellen (S. 94) und *Es schneit in der Nacht* (S. 95–98): Übertragungen von Gedichten des türkischen Schriftstellers Nazim Hikmet. Hikmet (1908–63) wurde 1938 wegen revolutionärer Texte, die unter Soldaten verteilt worden waren, von türkischen Gerichten zu 28 Jahren Gefängnis verurteilt. Nach zwölf Jahren amnestiert, emigrierte er in die Sowjetunion.

Notturno (S. 106): Dieses Gedicht, zuerst in der Zeitschrift des DDR-Schriftstellerverbandes, «Neue Deutsche Literatur», im März 1953 veröffentlicht, wurde damals heftig kritisiert und als «reiner Formalismus» bezeichnet. Kipphardt verteidigte sich in einem Artikel («Bemerkungen zu einem Gedicht», wiederabgedruckt in: Kipphardt, Schreibt die Wahrheit. Essays, Briefe, Entwürfe 1949–1964, Reinbek 1989, S. 67–70). Er nahm an seinem Gedicht einige Änderungen vor. Die zuerst publizierte Fassung hatte folgenden Wortlaut:

Nocturno

Dem Gedächtnis Paul Eluards
(gestorben 18.11.1952, Paris)

Abgerissen ist der Himmel
Von des Horizontes Trauer.
Abgerissen stürzt der Meerwind
In der Tränen weißes Salz.

Weißes Salz, den Tod zu würzen –
Durchgebacken Totenbrot
Kauend, um die Nacht zu kürzen,
Die dem Flug des Kranichs droht.

Waberlohe (S. 135): Lohberg ist der Name der psychiatrischen Klinik im «März»-Roman. Dem polnischen Übersetzer seines Buches schrieb Kipphardt: «Lohberg ist ein erfundener Name. Es steckt in ihm die Lohe, die mit Feuerslohe zu tun hat.»

Drais (S. 156): Der Text benutzt Teile eines Patientengedichts, die Kipphardt von dem Psychiater Manfred in der Beeck mitgeteilt wurden.

Oktoberengel (S. 187–190): «Der Titel ‹Oktoberengel› knüpft an den Engel der Geschichte an, wie ihn Walter Benjamin verwendet hat. HAP Grieshaber hat zu wichtigen Fragen seine Engel der Geschichte erscheinen lassen, Farbholzschnitte und Texte, zuletzt zu Texten von mir den Engel der Psychiatrie, Claassen Verlag, Düsseldorf 1976. Oktoberengel meint den Engel der Revolution.» (Kipphardt)

Farbfoto. Heidersdorf. (S. 195): Heidersdorf hieß der Geburtsort Heinar Kipphardts in Schlesien. In dem Gedicht *Bäckereibesuch in Polnisch Schlesien* (S. 235) hat Kipphardt Eindrücke von einer Reise beschrieben, die er im Herbst 1977 in seine alte Heimat unternahm.

Schmutzwäschesortierung in Lohberg (S. 197): Emil Kraepelin (1865–1926), Psychiater, gilt als einer der Begründer der Systematik der Psychosen. Plastiken von ihm stehen gern in psychiatrischen Kliniken.

Argentinia (S. 222): Das Gedicht, entstanden während der Fußball-Weltmeisterschaft 1978, findet sich zuerst in einem Brief Kipphardts an Klaus Wagenbach, 7. Juni 1978. Der ganze Brief zeigt Kipphardts hintersinnig-spielerischen Umgang mit der März-Figur; er ist vollständig abgedruckt im «März»-Band der Kipphardt-Werkausgabe, Reinbek 1987, S. 261 f.

TV-Notizen 2 (S. 250): Bezieht sich auf einen Auftritt von Franz Josef Strauß vor einem Untersuchungsausschuß, der klären sollte, wer Strauß abgehört habe (April 1978).

Tyger in Holy Town (S. 252): «The Tyger» heißt ein berühmtes Gedicht des englischen Dichters William Blake. Holy Town ist eine Bergarbeitersiedlung bei Glasgow. Kipphardt hatte im Frühjahr 1978 eine Reise nach Großbritannien unternommen.

Land im Winter (S. 268): Der Sänger und Schauspieler Ernst Busch war seit den fünfziger Jahren mit Kipphardt eng befreundet. Der in der DDR hochgeehrte, aber stets unangepaßte Busch starb im Juni 1980; er litt zuletzt unter Verfolgungsideen, hatte starke Gedächtnislücken und wurde darum klinisch behandelt.

Hermetik (S. 270): Rudi Dutschke, dem das Gedicht gewidmet ist, starb am 24. Dezember 1979 an den Spätfolgen eines auf ihn verübten Attentats. Kipphardts Text entstand in den ersten Tagen des Januar 1980.

Bäder (S. 281): Der Text wurde auch als Analogieszene in Kipphardts letztem Theaterstück «Bruder Eichmann» verwendet (dort Szene 9.d).

Säle (S. 282): Bezieht sich auf den Prozeß gegen Mao Tsetungs Witwe Tschiang Sching in Peking, Januar 1981.

Die Fremde, wo wir zu Hause sind (S. 283): Der Text entstand nach einem Motiv von Paul Eluard in dessen Gedicht «Ailleurs ici partout».

Nachwort

«Ich war immer überzeugt, nur Gedichte seien in der Literatur wirklich ernst zu nehmen. In erträglicher Verfassung lese ich am liebsten Gedichte, und von den Qualen des Schreibens ist mir einzig die des Gedichtemachens keine. Seit ich schreibe, mache ich in nicht zu großen Abständen auch Gedichte. Merkwürdigerweise blieb mein Impuls, diesen Teil meiner Arbeit auch zu veröffentlichen, immer klein, als wäre das meine Privatsache, mein Vergnügen. Die Gedichte beschreiben die Zeit, in der ich lebe. Ich hoffe, sie ist kenntlich und ich in ihr.»[1]
Diese Sätze schrieb Heinar Kipphardt 1977, als er seinen ersten und einzigen Gedichte-Band «Angelsbrucker Notizen» veröffentlichte. Das Buch enthielt Texte aus über drei Jahrzehnten. Kipphardt entschied sich nach einigem Zögern, auch Beispiele seiner frühen lyrischen Arbeiten in die «Angelsbrucker Notizen» aufzunehmen, beginnend mit dem ersten Nachkriegsjahr 1946. «Es war mir nicht angenehm, den frühen Gedichten gegenüber zu stehen, ich konnte mit der damaligen Person von mir meist nicht viel anfangen», gestand er Stephan Hermlin in einem Brief.[2]
Das Schwergewicht des Bandes «Angelsbrucker Notizen» lag auf Gedichten aus den siebziger Jahren. Angelsbruck hieß der Wohnort Heinar Kipphardts: seit 1972 lebte der Schriftsteller mit seiner Familie in dem kleinen Ort nicht weit von München, im Landkreis Erding. Er hatte ein Bauernhaus gekauft und ausbauen lassen, die dazugehörige Wassermühle wurde sein Arbeitsdomizil. Es war eine idyllische Umgebung; aber eine beschauliche Literatur entstand dort nicht.

«Angelsbrucker Notizen, das sind Sätze, die aus der Idylle kommen und von der Hölle reden», urteilte ein Kritiker über Kipphardts Gedichtband.[3]
Viele der späten Gedichte Kipphardts gewinnen ihren Reiz aus der besonderen Spannung, die der Autor zwischen Naturschönheit und politischer Wirklichkeit herstellt. Ein Gedicht über Bergpanoramen wird zur Vision eines Tals voller Autowracks; ein Blitz nachts über dem Fluß läßt – im Überwachungsstaat – an Fahndungsfotos denken. Häufig beschreibt Kipphardt Tiere oder Landschaften als Sinnbilder für herrschende Zustände und persönliches Befinden. «Angelsbrucker Notizen» war der Titel des ganzen Gedicht-Bandes und zugleich die Überschrift des ersten Abschnitts im Buch, mit Gedichten, bei denen Kipphardt einen besonderen Bezug zum Entstehungsort sah.
Rund die Hälfte der Texte in dem Band «Angelsbrucker Notizen» waren «März-Gedichte»: Kipphardt schrieb sie als «eine Art von Rollenpoesie», wie er Klaus Wagenbach erläuterte, und fügte hinzu: «Die Rolle fällt mir leicht, und sie gefällt mir auch.»[4] Über die fiktive Figur des schizophrenen Dichters Alexander März hatte Kipphardt 1975 einen Fernsehfilm gemacht, 1976 folgte der Roman «März», 1980 eine Schauspielfassung des Stoffes. Alexander März wurde zum Medium radikaler Gesellschaftskritik. Kipphardt zeigt den Schizophrenen als einen Menschen, der die Anpassung an herrschende Normen verweigert. Das Leben und Leiden der März-Figur wird zu einem kritischen Spiegel der sozialen Verhältnisse, die diesen Menschen verstören.
«Der schizophrene Kranke ist wahrscheinlich nur sensibler, dünnhäutiger, verletzlicher, unfähiger zur Adaption, merkwürdig auf sich selbst beharrend, aber keineswegs der absolut andere», sagte Kipphardt 1976 in einem Gespräch. «Tatsächlich ist mir nach und nach während der Arbeit die Betrachtungsweise, die März hat, immer leichter gefallen. Ich kann mich auch heute noch schwer davon trennen. Viele heutige Betrachtungen mache ich durch die Märzfigur, sie ist mir in-

zwischen so vertraut geworden: eine gewisse Naivität, eine gewisse Kindlichkeit, die auch nicht davor zurückschreckt, kindisch zu sein, etwas Radikales in bezug auf einfache, bildhafte Benennungen, das sich nicht um sonstige Bezugssysteme kümmert, sie querbeet durchschneidet und so zu Verkürzungen kommt.»[5]

Die «März-Gedichte I» entstanden im Zusammenhang mit der Arbeit Kipphardts am Film und am Roman, in den Jahren 1973 bis 1975. Sie wurden geschrieben in Anlehnung an Texte des Dichters Ernst Herbeck (Pseudonym: Alexander Herbrich), eines Patienten des Wiener Psychiaters Leo Navratil. Kipphardt äußerte in einem Brief an Navratil, er habe in vielen von Alexanders Gedichten Beispiele «großer Poesie» gefunden.[6] Etliche Zeilen der «März-Gedichte I» entstammen direkt den Texten von Ernst Herbeck.[7] «Um die Würde des Faktischen zu erreichen, kann man gerade in diesem Bereich nicht nur phantasieren, sonst kommen Sie in die Wahnsinnskolportage», rechtfertigte Kipphardt sein Verfahren.[8]

1980 schrieb er einen Essay über die Prinzhorn-Sammlung, in der Bilder, Skulpturen und Texte aus psychiatrischen Anstalten zusammengetragen wurden. «Was kann von den kranken Künstlern gelernt werden?» fragte Kipphardt, und antwortete: «Die Direktheit des inhaltlichen Ausdrucks (...). Der im Auge behaltene Zweck. Die Unvollständigkeit. Der enge Bezug zur eigenen Lebensgeschichte und zur eigenen sozialen Situation. Das Komische im Leiden. Das Arbeiten gegen die Erwartung. Das Produzieren gegen die Verhältnisse.»[9] Diese Sätze lassen sich auch als Statement über die ästhetischen Maximen von Kipphardts eigener Arbeit lesen, gerade in bezug auf seine Lyrik.

Die «März-Gedichte II» entstanden in den Jahren 1976 bis 1980. Sie wirken weniger rätselhaft als manche der von Herbeck inspirierten frühen März-Gedichte. Kipphardt benutzte die März-Figur zunehmend als Mittel für ein subversives, hintersinniges Spiel mit Sprache und Wirklichkeit. Zugleich verwischten sich mehr und mehr die Grenzen zwischen den

Gedichten, die März zugeordnet wurden, und Kipphardts nicht als Rollenpoesie gekennzeichneter Lyrik. Die Identifikation des Autors mit seiner Figur ging schließlich so weit, daß bei einigen Texten eine klare Zuordnung schwerfällt.

So hat der Schriftsteller das Gedicht «Wenn ich einen Fisch esse» zunächst im «März»-Roman verwendet und es 1976 auch als ein März-Gedicht in die Mappe «Engel der Geschichte Nr. 23» aufgenommen, die er mit dem Holzschneider HAP Grieshaber gestaltete. Als er im Jahr darauf den Band «Angelsbrucker Notizen» zusammenstellte, löste Kipphardt aber diesen Text aus den März-Abschnitten heraus und ordnete ihn der ersten Abteilung seines Lyrikbuches zu. Auch das Gedicht «März in Hamburg-Harvestehude» ist vom Autor nicht eindeutig der März-Figur zugeschrieben worden; letztlich bleibt für den Leser offen, ob das Wort «März» im Gedicht-Titel vielleicht nur einen Monatsnamen bezeichnen soll.

«Notizen nennt Heinar Kipphardt viele seiner Gedichte», schrieb die Kritikerin Vera Botterbusch. «Notiz deshalb, weil der Anlaß zum Gedicht eigentlich immer etwas ist, was ihn erschreckt, bewegt, anrührt, was er ‹notieren› will: eine Beobachtung in der Natur; eine Nachricht aus der Zeitung; Familienereignisse wie der Tod der Mutter, des Vaters; die gesellschaftlichen Verhältnisse überhaupt, an denen er engagiert Anteil nimmt. Kipphardts Gedichte werden sprachlich immer knapper, inhaltlich auf das Wesentliche reduziert, beschnitten – manchmal lakonisch. Die frühen Texte wirken im Vergleich breit, voluminös. Die Dialektik von Denken und Fühlen, Erkennen und Erleben, Reflektion und Poesie bleibt immer spürbar.»[10]

In der Tat ist die frühe Lyrik Kipphardts sehr viel wortreicher als sein Gedichtstil im letzten Lebensjahrzehnt. Die Gedichte des jungen Autors zeugen von der ihn auch später verfolgenden Kriegserfahrung, vom programmatischen Bekenntnis zum Neuanfang nach 1945. Kipphardt entwickelte sich zum Sozialisten, und er siedelte 1949 von Krefeld in die gerade entstehende DDR über. «Ich bin der Verneinung so satt», heißt ein zentraler Satz aus der Lyrik dieser Jahre, und zugleich formulierte Kipphardt seine Überzeugung von einer Epochenwende: er fühlte sich am Beginn einer Zeit, die endlich «den Menschen zum Maßstab des Handelns zu machen» versprach.

In seinen frühen Gedichten wurden zahlreiche Formen erprobt. Kipphardt orientierte sich an Vorbildern wie Paul Eluard, Wladimir Majakowski, Nazim Hikmet. Neben rhythmisierten Aufbau-Gesängen und einigen mit Abstrakta überladenen Bekenntnis-Gedichten finden sich schon beim jungen Kipphardt bildstarke Texte von großer Eindringlichkeit. Es sind oft Erinnerungen oder Visionen, manche mit überraschenden Moll-Tönen. Sie folgen keineswegs immer den eher schematischen poetologischen Forderungen, die der Autor 1952 aufstellte: «Gedichte sollen die Herrschaft des Menschen zum Ziel haben, die Herstellung seiner Würde, seiner Schönheit, seiner unbegrenzten schöpferischen Möglichkeiten. (...) Im Dienste der fortdauernden Revolution wird die Dichtung zur materiellen Gewalt.»[11] Auch in einer Zeit solch forcierter Parteilichkeit wurde für Kipphardt – wie für jeden Lyriker – das Gedichteschreiben letztlich zu einem Akt der Selbstenthüllung.

Aufschlußreich dafür ist ein Brief, den der Schriftsteller am 11. Februar 1950 an seinen Vater schrieb: «Ich habe den Tag lang an einem Gedicht gearbeitet, vielleicht die härteste und nutzloseste Arbeit, die es auf der Welt gibt. Die erregendste zugleich, alles hebt sich auf, alles verwandelt sich, kaum ein Wort, kaum ein Bild, das einem gehört, über das man verfügen könnte. Ein Nachlassen in der Anspannung, ein Nachgehen einer Bildverbindung, schon kann enthüllt sein, was man zu vergessen suchte. Eine Unwahrhaftigkeit, ein Schwulst, von dem man sich eine Sekunde tragen läßt, schon wird der Dressurakt sichtbar, die Drahtspulen der Gewohnheiten, schöne Gemeinplätze, die eine Strophe zu einem unerbittlichen Spiegel machen. Verständen die Menschen Gedichte zu lesen, so würde niemand den Mut haben, eins zu schreiben, niemand würde es wagen, sich so rücksichtslos zu enthüllen, wie es in einem Gedicht geschieht. Aber vielleicht sagen das auch die Maler, die Musiker und weiß ich wer noch. Vielleicht läuft jede künstlerische Aussage darauf hinaus zu sagen, was Welt ist, indem man sich enthüllt. Enthüllt, um zu ändern, sich und die Welt. Vielleicht läuft jedwede menschliche Tätigkeit darauf hinaus, nur sind wir meist außerstande, etwas davon zu erfassen. Genug davon, man sollte nicht so leichtsinnig und unkontrolliert formulieren.»[12]

Als Kipphardt später seinen Band «Angelsbrucker Notizen» zusammenstellte, schrieb er an HAP Grieshaber, der das Buch illustrierte, mit Bezug auf die schon ausgesuchten alten Gedichte: «Ich tue mich schwer, in meine früheren Häute zu schlüpfen, frisch von der Leber weg ist da halt gar nichts mehr, und man betastet sich doch nur widerwillig als Historie.»[13] Im bereits zitierten Brief an Hermlin heißt es: «aber es wäre auch zwecklos gewesen, die Gedichte auf einen späteren Stand zu bringen. Sie sind nicht danach. Wenn man sie aufnimmt, muß man sich aushalten.»[14] In diesem einen Punkt war Kipphardt nicht ganz aufrichtig; er hat doch einige Veränderungen an seinen frühen Gedichten vorgenommen, sofern er sie in die «Angelsbrucker Notizen» aufnahm – zumeist waren es Kürzungen.[15]

Zwischen den sehr zahlreichen frühen Gedichten Heinar Kipphardts und seiner erneut intensiven Lyrik-Produktion der siebziger Jahre lag eine längere Phase, in der nur gelegentlich Gedichte entstanden. Der Schriftsteller war 1959 – nach heftigen Konflikten mit der stalinistischen Kulturpolitik – aus der DDR in die Bundesrepublik zurückgekehrt. In den sechziger Jahren schrieb er vorwiegend Fernsehspiele und Dramen. Sein Stück «In der Sache J. Robert Oppenheimer», 1964 in West-Berlin und München uraufgeführt, wurde zu einem überwältigenden Erfolg. Es ging buchstäblich um die Welt und brachte Kipphardt den internationalen Durchbruch.

«Wenn ich die Zeitungen lese / suche ich meinen Namen /

ehrgeizzerfressen und leer», heißt es selbstkritisch in einem Gedicht Kipphardts aus dieser Zeit großer äußerer Erfolge. Daneben entstanden in den sechziger Jahren lyrische Versuche, die an manche Lehrgedichte Bertolt Brechts erinnern. Kipphardt kritisierte den Konsumfetischismus der Wirtschaftswunder-Welt, und er hielt im politisch bewegten Jahr 1969 den zunehmend verbürgerlichten Arbeitern seine «Fragen im Mai» entgegen. Ein konstantes Thema seiner Gedichte blieb, auch in den sechziger Jahren, der Krieg: als Erinnerung und als Warnung.

Den recht belehrenden Gestus jener Jahre gibt es in den späten Gedichten Kipphardts nicht mehr. «Poesie ist die Bildschärfe des Gedankens», notierte der Schriftsteller 1974/75 in eins der kleinen Notathefte, die er stets bei sich führte. Der Satz wurde das ästhetische Programm seiner Lyrik im letzten Lebensjahrzehnt. Der Autor vertraute nun auf die Assoziationskraft seiner Bilder. Eine heile, schöne Metaphern-Welt gibt es jedoch in Kipphardts späten Gedichten nicht; viele Texte enthalten schroffe Übergänge und unvermittelte, auf Irritation angelegte Wendungen, die Sprache ist oft lakonisch. «Hier wird alles strapaziert (und widerlegt), was sich als ‹Normalität› eingenistet hat und es sich unter uns bequem macht», kommentierte der Lyriker Karl Krolow die «Angelsbrucker Notizen».[16]

In ein Notatheft vom Frühjahr 1980 schrieb Kipphardt einen Satz von Stéphane Mallarmé: «Das ideale Gedicht wäre das schweigende Gedicht in lauter Weiß.» Es war die gedanklich radikalste Konsequenz einer Poetik, die auf eine immer größere Verdichtung der Texte zielte. Zugleich betonte Kipphardt, Gedichte seien «als mehrdeutige Gebilde gemacht», man könne ihnen keine «Generalinterpretation» überstülpen. «Könnten Interpretationen objektiver Art ein Gedicht ganz erschließen, würde ich fragen wollen, warum der Dichter nicht die Interpretation verfaßt hat», schrieb er recht bissig einer Germanistin, die ihm ihre Celan-Arbeit zugesandt hatte.[17] Übrigens hat die Farbe «weiß» in Kipphardts gesamter Lyrik aus vier Jahrzehnten eine besondere Präsenz, in sehr verschiedenen Bedeutungen.

Untersucht man Kipphardts gesammelte Gedichte inhaltlich nach übergreifenden Linien, so fällt – neben der Kriegs-Thematik – auf, daß der Autor durchgängig die Sinnlichkeit als Grundlage eines humanen Lebens einklagt. 1946 heißt es in einem der frühesten Gedichte, die Kipphardt später zum Abdruck auswählte[18]: «Ich kenne den Mann auf der Straße / ich kenne die Frau meines Stadtteils / sie benötigen keine Helden / sie benötigen keine Fahnen / doch Essen und Zärtlichkeit». Zwanzig Jahre danach, als in der Bundesrepublik die Studentenbewegung ihre politischen Aktivitäten begann, schrieb der Dichter einen kleinen, subversiven Text: «In den Rosen hängend, die Meisen / fressen die Läuse. / Das zu studieren empfehle ich / den Revolutionären.» Noch einmal zehn Jahre später enstand eines der wohl schönsten Gedichte Kipphardts, die «Angelsbrucker Notizen 14a» – auch darin wird der sinnliche Genuß als Ausgangspunkt und Ziel jeder linken Politik beschrieben.[19]

In zwei seiner späten Gedichte hat Kipphardt, zeitlebens ein begeisterter Angler, Fische als Sinnbilder für seine persönlich-politische Befindlichkeit benutzt. Der Text «Wenn ich einen Fisch esse», ursprünglich der März-Figur zugeschrieben, enthält die Bewunderung des Dichters für den genüßlichen Mund des Karpfens, denn dieser «suchte den Schlamm ab und schwieg». 1982 dann, wenige Monate vor seinem Tod, schrieb Kipphardt das Gedicht «Alter Hecht, Angelsbruck» in eines seiner Notathefte. Es ist ein wundervolles Beispiel politischer Naturlyrik, und es läßt sich als ein treffendes Selbstporträt des Schriftstellers Heinar Kipphardt lesen, des radikalen Nonkonformisten: «einsam wartender Bruder (...) / gegen dich selbst dich wendend / gegen die stehende Zeit».

Jeder, der Kipphardts Werk und Leben beschreibt, hat sein Freund und Kollege Gerd Fuchs konstatiert, werde «nicht umhin können, die letzten fünfzig Jahre deutscher Ge-

schichte mitzuschreiben. Kipphardt stand nicht über den Konflikten, die Konflikte kämpften in ihm. In die Auseinandersetzung seiner Epoche brachte er nicht nur seinen Kopf, sondern seine gesamte Existenz ein. Er war nicht sicher, welche Seite in diesem Konflikt gewinnt, aber er war sicher, auf welcher Seite er stand. Auf der Seite derer, die keine Knechte mehr sein wollen, aber auch keine Herren. Leben und Werk fielen ihm nicht auseinander. Beides war Arbeit an dem, was er ‹den anderen Entwurf von Menschlichkeit› nannte.»[20]
Diese Sätze gelten auch für Kipphardts Gedichte, die mit dem vorliegenden Buch erstmals in einer umfassenden Edition präsentiert werden. «Umgang mit Paradiesen» ist gegenüber den «Angelsbrucker Notizen» um rund ein Drittel an Texten erweitert. Die Gedichte schließen die Werkausgabe Heinar Kipphardts, die vor vier Jahren mit seinem Stück «Bruder Eichmann» begonnen wurde, als letzter von insgesamt zehn Bänden ab.

Hamburg, im Mai 1990 Uwe Naumann

Anmerkungen

1 Heinar Kipphardt: Angelsbrucker Notizen. München 1977 (Klappentext).
2 Brief vom 21. Januar 1978. In: Briefe an Hermlin, 1946–1984, Berlin und Weimar 1985, S. 111.
3 Walter Fenn, in: «Nürnberger Nachrichten», 16. Dezember 1977.
4 Brief vom 2. März 1975. Abgedruckt in: Heinar Kipphardt, März. Roman und Materialien, Reinbek 1987, S. 250.
5 Gespräch mit Hella Schlumberger, in: «Nürnberger Zeitung», 6. August 1976.

6 Brief vom 29. September 1967. Abgedruckt in: März, Roman und Materialien, a. a. O., S. 239.

7 Kipphardt nahm zum Vergleich einige Originaltexte von Herbeck in sein Buch «Angelsbrucker Notizen» auf (a. a. O., S. 212–214). – Leo Navratil hat dennoch wiederholt Heinar Kipphardt den Vorwurf des Plagiats gemacht. Eine Auflistung der Textzeilen, die Kipphardt von Herbeck übernahm, findet sich in einem Brief Navratils an den Herausgeber der Kipphardt-Werkausgabe, abgedruckt in: März, Roman und Materialien, a. a. O., S. 302–304. Im selben Band wurden auch weitere Dokumente zu dem Plagiats-Vorwurf veröffentlicht.

8 Im Gespräch mit Klaus W. Becker. Dokumentiert im Anhang zu: Klaus W. Becker, Heinar Kipphardt: «März». Literarische Perzeption von Schizophrenie. Staatsexamensarbeit (unveröffentlicht), Hamburg 1977.

9 In: «Der Spiegel», Nr. 16/1980. Wiederabdruck in: März, Roman und Materialien, a. a. O., hier S. 289.

10 «Bücher beim Wort genommen». Sendung des Bayerischen Fernsehens über Heinar Kipphardt, «Angelsbrucker Notizen», 1977. Typoskript im Nachlaß Kipphardts.

11 Heinar Kipphardt: Bemerkungen zu einem Gedicht. In: «Neue Deutsche Literatur», Heft 6/1953. Wiederabdruck in: Kipphardt, Schreibt die Wahrheit. Essays, Briefe, Entwürfe 1949–1964, Reinbek 1989, hier S. 67.

12 Brief im Nachlaß Kipphardts, Angelsbruck.

13 Brief vom 29. Juli 1977. Im Nachlaß, Angelsbruck.

14 Wie Anmerkung 2.

15 Die Typoskripte mit Kipphardts handschriftlichen Korrekturen befinden sich in seinem Nachlaß. Zum Teil griff er auf Material eines Gedichtbandes zurück, den er bereits Anfang der fünfziger Jahre zusammengestellt hatte, der aber damals nicht publiziert wurde.

16 In: «Neue Zürcher Zeitung», 13. Januar 1978.

17 Brief vom 18. August 1982. Kopie im Nachlaß, Angelsbruck.

18 Über seine bereits intensive lyrische Produktion aus den frühen vierziger Jahren hat Kipphardt später ausdrücklich gesagt, sie sei nicht zu publizieren. Ein Beispiel der im Krieg entstandenen Gedichte ist abgedruckt bei Adolf Stock: Heinar Kipphardt. Reinbek 1987, S. 28.

19 Ganz ähnlich Kipphardts Äußerung in einer Diskussionsrunde 1978: «Ich finde, wir sollten dem alten Marx am Schluß eine Reverenz erweisen und sagen, auch für die Linke gilt: Grundlage aller Wissenschaft ist die Sinnlichkeit.» In: Kipphardt, Ruckediguh – Blut ist im Schuh. Essays, Briefe, Entwürfe 1964–1982, Reinbek 1989, S. 238.

20 In: «konkret», Heft 4/1987, S. 55.

«Neun Zehntel unserer ganzen jetzigen Literatur…

... haben keinen anderen Zweck, als dem Publikum einige Taler aus der Tasche zu ziehen: dazu haben sich Autor, Verleger und Rezensent fest verschworen.»

Arthur Schopenhauer

Wer nun meint, das sei heute auch nicht anders, der mag sich damit trösten, daß es preiswerte Taschenbücher gibt. Was dazu führen kann, daß die größeren Scheine für Wertpapiere ausgegeben werden können.

Alphabetisches Verzeichnis der Gedichte nach ihren Titeln bzw. Anfängen

Abends über Gewässern 69
abramlend 210
Achte beim Netz auf die Lücke 36
Achtundzwanzig Jahre 83
Als Gast bei der Bundeswehr (Zeitungsnotizen 3) 42
Als ich ein Junge war 74
Als meine Mutter starb 255
Alter Hecht, Angelsbruck 286
Am Pflaumenbaum 177
An der Quelle saß der Knabe 127
An die furchtsamen Intellektuellen 94
An diesem Sonntag im März 20
An einen Soldaten der Atlantikarmee 113
An philosophischen Kaminen 232
Annoncenakquisition 60
Anscheinend gibt es in jedem Garten 22
Ansprüche 62
Argentinia (Polen – BRD 0:0) 222
Auf dem Motorrad 125
Auf den Schultern 243
Auf-Hören 214
Auge faß! weiß oder grau 154
Aus dem Schnellzug 54
Auschwitz (1953) 111

Bäckereibesuch in Polnisch Schlesien 235
Bäder 281
Behinderung 279

Beim Anhören von vier Stücken für Violine und Klavier von Anton von Webern 275
Beim Ansehen einiger Bilder des Surrealisten Dalí 52
Beim Tode der Mutter 32
Besichtigung (Buchenwald) 237
Blick hell, blick dunkel, niemals Humpel 146
Bundestagswahl 209

Das Abbild der Rose 19
Das Auto 173
Das Blut zuweilen scheint rot 139
Das Einhorn 220
Das Feuer 164
Das Gewitter 161
Das Glück 132
Das Haus 178
Das Haus besteht aus vorwiegend zwei Häusern 14
Das Haus des Nachbarn Albert Maier 26
Das Kind 128
Das Leben 158
Das Leben 166
Das Leben nach dem Tode (Spiegel Nr. 26) 202
Das Licht aus den Stallungen 149
Das Lieben 176
Das Nest 126
Das Netz 147
Das Schweigen 157
Das Sein vom Schein im Wintermoos 129
Das Wasser 180
Das weiße Wiesel 121
Dem Christus von Wimprasing 174
Den Bach hinunter 247
Den Fluß entlang 16
Der Backofen überlebte meinen Großvater 236
Der Baum 217
Der Blick der Kühe 273

Der Dolch 141
Der Eisvogel 277
Der Elefant 159
Der Fluß im Frühjahr 15
Der Fluß im Winter 167
Der Golem 219
Der kleinweiße Junge (ich) 205
Der Kopf an der Wand 17
Der Psychiater 218
Der Schnee 170
Der schwarze Radfahrer, ich 137
Der Skeptizismus wird zur Pose die das Verbrechen verbirgt 76
Der Tod 1–4 181–184
Der Tod 5–6 225, 226
Der Traum ist ein Papier 130
Der Vater 123
Der Vater 172
Der Winter 165
Der Winterstorch in Langengeisling 271
Dezembermond 278
Die Anziehungskraft des Wassers 215
Die Ausfahrt 143
Die Entstehung der Gebirge 207
Die Familie 122
Die Fremde, wo wir zu Hause sind 283
Die Gleichheit vor dem Gesetz (TV-Notizen 1) 249
Die Hoffnung drückt das Herz 171
Die Krähen im Winter (Emigranten) 21
Die Kunst der Zuckerbäckerin 58
Die Liebe 251
Die Mutter 124
Die Nacht streut Futter den Wölfen 114
Die Partei Josef Stalins 233
Die Reise nach Damaskus 257
Die sich den Hintern nicht selber wischen können 35

Die Sonne ein bleicher Schatten 274
Die Spinne 212
Die Spirale 140
Die Trauer der Poeten nach einem verlorenen Krieg 37
Die Uhr 142
Die Wüste 145
Die Zigarette 169
Drais 156

Egoexzentrik 203
Ein Blitz nachts über dem Fluß 25
Ein düsterer Tag 253
Einer Novizin 57
Erinnerung an Warschau im Januar 1943 79
Erinnerungen des kranken Dichters H. K. an seine Mutter E. K. 55
Es schneit in der Nacht 95
Es steigt ein Rauch über der Mühle auf 245

Farbfoto. Heidersdorf. 195
Fein ist das Weiß 162
Flugtechniken 199
Fragen im Mai 53
Frühling 221
Für Ernst Bloch 30

Gelehnt an den Schatten des Zwielichts 82
Gesang vom Elend und Ruhm der großen Stadt Berlin 109
Gesang von der Rebellion des einfachen Mannes der Welt 71
Glück 2 201
Gräser 216
Grau 160
Gründen 144

Hän(d)sel und Gretel 213
haus, hausen, hausbrot 153
Hell lesen wir am Nebelhimmel 152

Hell treibt da ein Baumstamm 18
Hermetik 270
Herr Nachbar, auf ein Wort 276
Hingewiesen auf Schwierigkeiten 262
Hören Abhören wer wen? (TV-Notizen 2) 250
Hören und Nichthören 206
Hypnotiseure und Hypnotisierte 193

Ich bin Herr Kavulai 175
Ich bin meiner Kindheit treu 196
Ich vergesse die Gesichter der Leute 48
Im Begriff 230
Im Hörsaal 1, 2 150, 151
In den Rosen hängend, die Meisen 47
In den weißen Nächten meines Polarkreises 284
In einem Gesicht aus Blut 84
In einer weißen Bedürfnisanstalt 56

Jerg Ratgeb von Grieshaber 229

Kolonisierung 63
Körpergefühle 223
Krankengeschichte 93

Land im Winter 268
Lesereise 248
Lohberg-Dorf 191

M. versucht M. zu entkommen 59
März in Hamburg-Harvestehude 244
März nannte abramlend auch 211
Mein durchstrahlter Kopf 136
Mein Lieblingsplatz 192
Mein Vater, aus Buchenwald zurück 23, 24
Mein Vater, der selten gelacht hat 254
Mein verstorbener Vater 269
Meine Jahreszeit im Gefängnis einer verlorenen Zeit 100
Meine Nachbarn, die Bauern 27, 28

Mitten in diesem Jahrhundert 88
Momentaufnahme von K. in kritischer Lage 50, 51
Mordmotive 1, 2 240, 241

Nachts 198
Naturerscheinung 200
Neuerdings wieder 272
Notturno 106
November einer Epoche 89

O süße Himmelsgabe 115
Oktoberengel 1–4 187–190

Pädagogische Provinzen 258
Panorama 208

Radio 108
Rauhe Alp 239
Rückkehr 231

Saal 6 138
Säle (Anatomie und Recht) 282
Schmutzwäschesortierung in Lohberg 197
Schnee / der Erinnerung Schnee 70
Schnee / zerfahrene Spuren 49
Schweigen macht schuldig 92
Sie haben alles geregelt 61
Sie haben die Zischlaute 168
Soldatenlied 45
Sonntagsspaziergänger 117
Störche 260

Tagtraum in Hamburg Mönckebergstraße 242
Teheran – Kairo – Jerusalem 264
Tiefsee 194
Traum im September 234
Traumstenogramm 68
TV-Notizen 1, 2 249, 250
Tyger in Holy Town 252

Über der Mühle ein Rauch 246
Uhren-Leasing 224
Umgang mit Paradiesen 238
Umgang mit Vexierbildern 99
Unterwelten 64

Verbraucht sind die Todeskulte 67
Verständigung 261
Von dem Gebrauch des Feuers 256
Von der Utopie zur Wissenschaft. Zur revolutionären Umgestaltung der Polizei 280
Von einer Schwierigkeit des Gesanges 75

Waberlohe, Feuersbrunst 135
Was für ein Stümper war ich 116
Was ist Theater? 204
Was kostet Alexander? 148
Was möchte Alexander? 179
Weihnachten in Duisburg (eine Erinnerung) 131
Weiß 163
Weißes Knie, Holunder 39
Welcome in Germany (BRD) 265
Welcome in Germany BRD & DDR 267
Wenn ich an diesem Nachmittag sterbe 107
Wenn ich einen Fisch esse 31
Wenn in vergangenen Zeiten 46
Wer hier ist, ist nicht dort 155
Wer, wenn einen, wen suche 285
Wie ich hierher gekommen bin 13
Wie ich nachts das Licht lösche 29
Willkommen in der Hauptstadt der DDR 266
Wintertags 263
Wochenbad auf Abteilung 5 134
Wochenbad der Pfleglinge auf Abteilung 5 133
Wunder 43

Zeitungsnotizen 1–3 40–42

Heinar Kipphardt
Werkausgabe
Herausgegeben von Uwe Naumann

Die gesammelten Werke Heinar Kipphardts erscheinen, kommentiert und um Nachlaßmaterial ergänzt, in Einzelausgaben als rororo-Taschenbücher

Bruder Eichmann
Schauspiel und Materialien
(5716)

Traumprotokolle
(5818)

März
Roman und Materialien
(5877)

In der Sache J. Robert Oppenheimer
Ein Stück und seine Geschichte (12111)

Shakespeare dringend gesucht
und andere Theaterstücke
(12193)

Joel Brand
und andere Theaterstücke
(12194)

Schreibt die Wahrheit
Essays, Briefe, Entwürfe
Band 1
1949–1964 (12571)

Ruckediguh, Blut ist im Schuh
Essays, Briefe, Entwürfe
Band 2
1964–1982 (12572)

Die Tugend der Kannibalen
Gesammelte Prosa
(12702)

Umgang mit Paradiesen
Gesammelte Gedichte
(12805)

Außerdem lieferbar:

Heinar Kipphardt
mit Selbstzeugnissen und Bilddokumenten
dargestellt von Adolf Stock
(rowohlts monographien 364)

Rolf Hochhuth

Juristen
Drei Akte für sieben Spieler.
210 Seiten. Broschiert und als
rororo 5192

Tod eines Jägers
das neue buch Band 68

Eine Liebe in Deutschland
Sonderausgabe.
320 Seiten. Gebunden und als
rororo 5090

Die Hebamme
Komödie. Erzählungen. Gedichte. Essays.
Sonderausgabe.
496 Seiten. Gebunden und als
rororo 1670

Guerillas
Tragödie in 5 Akten.
224 Seiten. Broschiert und als
rororo 1588

Der Stellvertreter
Ein christliches Trauerspiel. Mit Essays von
Sabine Lietzmann, Karl Jaspers, Walter
Muschg, Erwin Piscator und Golo Mann.
Erweiterte Taschenbuchausgabe mit einer
Variante zum 5. Akt. rororo 887

rororo

C 967/11

Rolf Hochhuth

Ärztinnen
Fünf Akte.
200 Seiten. Broschiert und als
rororo 5703

Schwarze Segel
Essays und Gedichte
Mit einem Vorwort von Karl Krolow.
rororo 5776

Judith
Trauerspiel
272 Seiten. Broschiert und als
rororo 5866

Alan Turing
Erzählung
192 Seiten. Gebunden

Spitze des Eisbergs
Ein Reader.
Herausgegeben von Dietrich Simon
336 Seiten. Broschiert

Tell 38
Dankrede für den Basler Kunstpreis 1976
Anmerkungen und Dokumente
160 Seiten. Broschiert

Atlantik-Novelle
Erzählungen
256 Seiten. Gebunden

rororo
C 967/11 a

Rolf Hochhuth

Räuberrede
Drei deutsche Vorwürfe
Schiller/Lessing/Geschwister Scholl
224 Seiten. Broschiert

Sommer 14
Ein Totentanz
336 Seiten. Broschiert

Unbefleckte Empfängnis
Ein Kreidekreis
216 Seiten. Broschiert

Rolf Hochhuth –
Eingriffe in die Zeitgeschichte
Essays zum Werk
Herausgegeben von Walter Hinck
288 Seiten. Kartoniert

Donata Höffer liest
Rolf Hochhuth
Die Berliner Antigone.
Gröninger Novelle
1 Tonbandcassette im Schuber mit 90
Minuten Spieldauer (66017)

rororo

C 967/11 b